教師の資質能力向上と学校経営

日本教育経営学会紀要

第66号

第一法規

ま　え　が　き

　紀要66号をお届け致します。

　本号では，「教師の資質能力向上と学校経営」を特集テーマとし，新たな転換期を迎えている専門職としての教師の資質能力向上の在り方について，これまでの議論の動向や学術研究の到達点，現状等を整理すると共に，今後の在り方を検討するための理論的基盤を構築することをその目的に据えました。

　同特集については，お三方にご執筆を頂いています。お一人目のご執筆者は，会員外から，ノッティンガム大学教授の Tony Bush 先生です。周知の通り，Tony Bush 先生は，国際的トップジャーナルである BELMAS（British Educational Leadership, Management and Administration Society）の EMAL（*Educational Management, Administration and Leadership*, ISI journal）の Editor を務められ，教育経営研究において，リーダーシップ論を中心に理論の構築を行い，かつその理論を教師の資質能力向上の制度に実装するための調査研究に取り組んでいらっしゃる研究者です。本号では，教師，とりわけ管理職の資質能力について，リーダーシップに関わる理論を中心に整理して頂いた上で，管理職の資質能力の在り方を検討する視点を提示して頂きました。

　次に，浜田博文会員に，日本教育経営学会を中心とした学術研究及び実践において，どのような議論が行われてきたのかなど，これまでの議論の動向や学術研究の知見を整理した上で，今後検討するべき視点を提示して頂いています。

　最後に，本図愛実会員には，教師の資質能力向上政策を巡る現状と課題について，中央レベル及び地方自治体レベルから整理した上で，ポスト・アカウンタビリティ時代における教員の資質能力向上に関わり，新たな政策過程への転換が必要である点について論じて頂きました。

　研究論文については，17本の投稿申し込み，13本の投稿がありましたが，厳正審査を行った結果，残念ながら掲載に至った論文はありませんでした。一方，教育経営の実践事例については，4本の投稿申し込み，4本の投稿があり，2本の掲載となりました。実践事例が複数本掲載できたのは，今期編集委員会が担当した紀要では初となります。特集論文には，2本の投稿申し込みがありましたが，実際には投稿された論文はありませんでした。

　その他，大会開催時シンポジウム，若手研究者のための研究フォーラム，課

題研究，実践研究フォーラムの各報告，研究動向レビュー，大会報告を掲載しております。書評については，博士論文を基にした著書を中心に，6編を掲載しました。

　本号は，今期（第16期）編集委員会が編集する最後の号となります。本編集委員会立ち上げにあたり，学会長からは二つのミッションを頂戴しました。一つは，紀要の国際化を進めること，もう一つは質を担保しつつ，掲載論文数を増やすことです。

　一つ目のミッションへの応答としては，関係機関連携担当理事と協働し，Tony Bush 先生を2023年2月に日本に招聘して，セミナーや講演会を開催したことが挙げられます。本号にご執筆頂いた特集論文は，特に講演会での会員との議論や意見交換を基盤としています。また，Tony Bush 先生から投稿された論文は，複数の学会員に査読して頂きました。論考自体が国際的視点からまとめられていることは勿論ですが，査読後の改稿・再査読のプロセスを通じ，Tony Bush 先生と会員との研究知見の国際的往還が実現しました。これらのやり取りの成果としても，同論文を読んで頂ければ幸いです。

　一方，質を担保しつつ，論文掲載数を増やすミッションに関連しては，1本でも多くの論文を掲載出来る様，本号でも査読回数を3回とし，投稿者と査読者のやりとりを3往復確保致しました。負担の多い複数回の査読について，誠意を持って臨んでくださった査読者の方々に，この場をお借りして，改めて厚く感謝申し上げます。残念ながら，劇的に掲載本数が増加するという結果にはつながりませんでしたが，査読と改稿の濃密な往還によって，掲載に至った論文は高い水準に到達し，残念ながら掲載に至らなかった論文についても，査読者からのコメントを参照して頂き，じっくりと改稿して頂きました。是非，次号以降の他日を期して頂きたいと期待しております。

　最後になりましたが，第一法規の田村雅子氏と西之園更氏には，編集作業で大変御世話になりました。紀要編集委員会を代表して，心より御礼申し仕上げます。また，副委員長の植田みどり会員，編集幹事の櫻井会員には，今期を通じ，陰に陽に細やかなサポートをして頂きました。有り難うございました。

　2024年5月

紀要編集委員長　貞広　斎子

目　　次

まえがき………………………………紀要編集委員長　貞広　斎子
〈特集〉教師の資質能力向上と学校経営
Educational Leadership Theory（邦題「教育リーダーシップ理論」）
……………………………… University of Nottingham　Tony Bush　002
〈邦訳版〉教育リーダーシップ理論
……………………………… ノッティンガム大学　トニー・ブッシュ　026
教育専門職としての教職と校長職の質保証に向けて
　―「学識ある専門職」の実現へ― ………………… 筑波大学　浜田　博文　043
ポスト・アカウンタビリティ時代の教員資質能力向上
　―総合性と専門性の混迷を超えて―……… 宮城教育大学　本図　愛実　061
〈教育経営の実践事例〉
学校組織に変革をもたらす常勤外部人材
　―小規模高校での「総合的な探究の時間」のカリキュラム開発・導入過程
　に着目して―……………………………… 東北大学大学院　三浦奈々美　080
教師の指導観の問い直しを促す校内研修プログラムの開発的研究
　―U理論を援用した組織的省察の展開とその効果―
　……………………………………… 兵庫教育大学大学院　元澤　倫久　092
〈シンポジウム〉「ウェルビーイングと教育経営の在り方」を考える
　―新時代の学びと子どもの発達の支援に向けて―
報告①：学校教育におけるデジタルトランスフォーメーション（DX）の展
　開とウェルビーイングの実現　―「未来をつくる」ための自治体の教育施
　策と学校・教室の新たな学び―
　……………………… 前さいたま市教育委員会教育長　細田眞由美　104
報告②：学校に関わる人々の可能性を最大化する教育実践とウェルビーイン
　グ―不利な状況の子どもを支援する各地の多様な教育実践を取材して感じ

たこと─

　………NHK 第 2 制作センター〈社会〉ディレクター　山浦　彬仁　108

指定討論①：実践者の立場から‥茗溪学園中学校高等学校　田代　淳一　112

指定討論②：研究者の立場から………………北海道大学　篠原　岳司　115

総括…………………………………………筑波大学　佐藤　博志　118

　　　　　　　　　　　　　立命館大学　柏木　智子

〈若手研究者のための研究フォーラム〉若手研究者が考える教育経営学の現在地と展望

米国にみる教授活動評価の展開と学校経営の現代的課題

　………………………………………大阪産業大学　西野　倫世　124

子どもの視点から教室・学校・地域を連関的に捉える市民性教育研究

　………………………………………筑波大学　古田　雄一　125

学校統廃合を切り口とした地域教育経営課題の探究

　………………………………………筑波大学　丹間　康仁　127

議論のまとめ（当日の様子）

　………………………………………崇城大学　原北　祥悟　128

　　　　　　　　　　　　大阪教育大学　田中　真秀

〈課題研究報告〉教育経営学研究の新機軸の探究（2）

小学校教諭（A）のインタビューの分析………長崎大学　榎　　景子　132

小学校教諭（B）のインタビューの分析……大阪教育大学　田中　真秀　137

中学校教諭（C）のインタビューの分析………島根大学　小早川倫美　142

中学校養護教諭（D）のインタビューの分析……静岡大学　武井　敦史　146

討論のまとめ………………………………京都教育大学　竺沙　知章　151

〈実践研究フォーラム〉教育経営研究につながる実践事例（Good Report of Practice）の価値の在り方

教育経営研究につながる実践事例（Good Report of Practice）の価値の在り方………………………………………山形大学　吉田　尚史　156

　　　　　　　　　　　　　岐阜大学　長倉　　守

　　　　　　　　　名古屋商科大学　竹内　伸一

　　　　　　　　　　上越教育大学　安藤　知子

　　　　　　　　　　鹿児島大学　髙谷　哲也

〈書評〉

田村知子著『カリキュラムマネジメントの理論と実践』
……………………………………………… 茨城大学　加藤　崇英　168

前原健二著『現代ドイツの教育改革―学校制度改革と「教育の理念」の社会
　的正統性』……………………………… 大阪公立大学　辻野けんま　172

葛西耕介著『学校運営と父母参加―対抗する《公共性》と学説の展開』
……………………………………………… 長崎大学　榎　　景子　176

柴垣登著『インクルーシブ教育のかたち―都道府県ごとの特別支援教育の違
　いから』……………………………… 西南学院大学　雪丸　武彦　179

髙野貴大著『現代アメリカ教員養成改革における社会正義と省察―教員レジ
　デンシープログラムの展開に学ぶ』
……………………………… 聖隷クリストファー大学　太田　知美　183

本図愛実編著『日本の教師のウェルビーイングと制度的保障』
……………………………… 国立教育政策研究所　藤原　文雄　187

〈教育経営学研究動向レビュー〉

教育経営学研究における問題設定の特徴と今後の課題―2010年代以降の特集
論文を対象として―………………………… 筑波大学　古田　雄一　192
　　　　　　　　　　　　　　　　　兵庫教育大学　三浦　智子

日本教育経営学会第63回大会報告
……………………………… 第63回大会準備委員会委員長　浜田　博文　202

日本教育経営学会会則…………………………………………………… 204

日本教育経営学会紀要編集規程………………………………………… 206

日本教育経営学会　紀要編集委員会研究論文投稿要領……………… 207

日本教育経営学会紀要「教育経営の実践事例」編集内規………………… 210

日本教育経営学会　紀要編集委員会「教育経営の実践事例」論文投稿要領‥ 211

日本教育経営学会著作権ポリシー……………………………………… 214

日本教育経営学会研究倫理綱領………………………………………… 215

Journal of JASEA CONTENTS………………………………………… 216

編集後記…………………………………………………………………… 219

特集　教師の資質能力向上と学校経営

Educational Leadership Theory
　（邦題「教育リーダーシップ理論」）　　　　　　　Tony Bush
教育専門職としての教職と校長職の質保証に向けて
　―「学識ある専門職」の実現へ―　　　　　　　　浜田　博文
ポスト・アカウンタビリティ時代の教員資質能力向上
　―総合性と専門性の混迷を超えて―　　　　　　　本図　愛実

Educational Leadership Theory

University of Nottingham Tony Bush

Building Blocks for Educational Leadership

There are four main building blocks, that collectively provide the foundations for educational leadership. These are policy, theory, research, and practice. Policy provides the legislative background for school leaders and also the official expectations of ministries of education and other government bodies. These underpin school-level decision making. A central aspect of policy is the degree of centralization in the education system, because this directly influences the scope for leadership decision-making. Research secures a sound knowledge basis to underpin both policy and practice, epitomized in Japan by the role of the National Institute for Educational Policy Research, with its close links to policymakers. Theory offers ways of understanding and interpreting policy and practice, as I discuss below. Leadership is essentially a practical activity, taking place in defined educational contexts, such as schools and universities. The dynamic interactions between and amongst these four pillars of educational leadership play out in diverse ways across national and community contexts, to create rich patterns of behaviour, that strongly influence school and student outcomes. Policymakers may invoke theory and/or research in developing educational reforms, as in Malaysia, for example (Bush, et al 2019). However, Newton et al (2010：588) advise that politicians and senior administrators should avoid the 'theory as recipe' approach which may sometimes characterize educational reform strategies.

The Nature of Theory in Educational Leadership

There is no single all-embracing theory of educational leadership. 'The literature is full of competing theories and counterclaims that make any attempt at generating a single, over-arching theory impossible' (Harris 2003 : 15). Theories in education relate to a changing situation and comprise different ways of seeing a problem rather than a scientific consensus as to what is true. House (1981 : 17) argues that, in education, several perspectives may be valid simultaneously. The existence of several different perspectives creates what Bolman and Deal (1997 : 11) describe as 'conceptual pluralism: a jangling discord of multiple voices'. The various theories of educational leadership reflect different ways of understanding and interpreting events and behaviour in schools and colleges. They also represent what are often ideologically based, and certainly divergent, views about how educational institutions ought to be managed. As a consequence, theory is 'contested terrain' (Bush 2015 : 36). Thus, theories of educational leadership are both normative and selective, as I will show below.

The numerous educational leadership theories can be clustered together into a number of alternative models or 'types'. Two of the best known of these typologies are those from Leithwood, Jantzi and Steinbach (1999), and Bush and Glover (2014).

A broad distinction can be made between solo and shared leadership. The former focuses on the individual leader, typically the head or principal. The latter portray leadership as joint activity, often shown through collective or team activity. **Table 1** shows the main solo and shared leadership models.

TABLE 1 : TYPOLOGY OF LEADERSHIP MODELS

SoLO	SHARED
Managerial	*Collegial*
Transactional	*Participative*
Transformational	*Distributed*
Moral	*Teacher*

Source: adapted from Bush and Glover, 2014

Yokota (2020) claims that four of these theories, transactional, instructional, transformational, and distributed leadership, have emerged in the Japanese education system.

Two other important models resist this solo/shared classification. Instructional leadership may be either solo or shared, depending on how it is exercised, as we discuss below. Similarly, contingency theory is a pragmatic model, where the main argument is that leadership type and style depend on the context and cannot be captured by a specific set of leadership principles. These models add to the complexity of leadership theory and demonstrate the contested nature of the terrain. These ten models will be discussed in the next sections of this paper.

These leadership models have been developed and refined in the West and then applied in other, often very different, contexts. Yokota (2020 : 190) argues that 'they have been introduced in Japan without substantial conceptual modifications with consideration to cultural and societal differences'.

Managerial Leadership

Managerial leadership is closely associated with the organizational hierarchy (Leithwood, Jantzi and Steinbach 1999). 'Positional power, in combination with formal policies and procedures, is the source of influence exercised by managerial leadership' (Ibid : 17). Authority and power are closely linked to the formal roles occupied by leaders. In schools, heads and principals are the most senior leaders and exercise the most power.

However, especially in centralized systems, heads may be subordinate to national and district officials. Gumus et al (2018 : 219) comment that this model 'may be more visible in those countries in which the education system is centralized, since it considerably emphasizes the implementation of practices mandated by higher external management authorities within the bureaucratic hierarchy'. Such vertical accountability pathways may limit the scope for leaders to respond to the needs of other stakeholders, such as students, teachers and parents. Japan 'has not been enthusiastic about devolving authority to schools' (Yokota 2020 : 187), while school leadership 'is regarded as relatively top-down' (Ibid : 188).

Managerialism

Managerial leadership may lead to 'managerialism', a focus on management processes at the expense of educational purposes and values, and described by Hoyle and Wallace (2005) as leadership and management to excess (Hoyle and Wallace, 2005). It transcends the support role of leadership and, in its extreme manifestation, becomes an end in itself. Simkins (2005) claims that managerialist values are being set against traditional professional values in England. He describes a 'redistribution of power', with the authority and autonomy of professionals being replaced by the power of managers to establish agendas and determine modes of work. Effective management is essential but value-free managerialism is inappropriate and damaging.

Transactional Leadership

Transactional leadership involves relationships based upon an exchange for a valued resource. Miller and Miller's (2001) definition refers to transactional leadership as an exchange process. Similarly, Yokota (2020 : 190) defines it as 'leadership that is exercised to achieve prescribed outcomes mainly through mutual exchange, conditional rewards or compliance, without necessarily attending to a shared sense of purpose'.

Exchange is an established political strategy for members of organizations. Heads and principals possess authority arising from their senior positions. They also hold power in the form of key rewards such as promotion and references. However, the head requires the co-operation of staff to secure the effective management of the school. An exchange may secure benefits for both parties to the arrangement.

The major limitation of transactional leadership is that it does not engage staff beyond the immediate gains arising from the transaction and does not produce long-term commitment to the values and vision being promoted by school leaders. However, Bass (1998 : 11) stresses that leaders often use both transformational and transactional approaches. 'Consistent honouring of transactional agreements builds trust, dependability, and perceptions of consistency with leaders by followers, which are each a basis for transformational leadership'. Oterkil and Ertesvag (2014) add that the best leaders are both transactional and transformational. The next section discusses transformational leadership.

Transformational Leadership

Transformational leadership builds higher levels of personal commitment to school goals and greater capacities for accomplishing those goals are assumed to result in extra effort and greater productivity. (Leithwood, et al, 1999) This connects to the notion of personal power, or charisma. Yokota (2020 : 190) defines it as 'leadership that focuses on creating conditions for improvement by setting a vision, developing people, and redesigning the organization, ... without its explicit focus on teaching and learning'. He adds that, in Japan, transformational leadership centers on school-family-community collaboration.

International research supports the notion that transformational leadership may produce beneficial effects. Thomas et al (2018), for example, show that the principal's transformational leadership was directly related to positive teacher attitudes, in their study of first-year primary school teachers in Flanders (Belgium). Similarly, Ninkovic and Floric (2018) indicate that transformational leadership had positive effects on collective teacher efficacy in Serbia.

Berkovich (2018) notes that transformational leadership was mainly a western concept until the mid-2000s, when it became global. He argues that the growth of interest in this model relates to global pressures to restructure education, linked to increased policy borrowing. Alsaeedi and Male (2013), for example, explicitly link the popularity of transformational leadership to globalization. However, Litz and Scott (2017) stress the need to adapt the model to make it suitable for centralized contexts, notably the expectations around hierarchy and collectivism. They propose a 'cross-cultural transformational leadership model' to reflect such expectations. The underlying question is 'transformation by whom, for whom?'

Moral Leadership

Leithwood et al (1999) argue that the focus of moral leadership is on leaders' values, beliefs and ethics. Several other terms have also been used to describe values-based leadership. These include ethical leadership (Starratt 2005), authentic leadership (Begley 2007), and spiritual leadership (Woods 2007). Sergiovanni (1984 : 10) says that 'excellent schools have central zones composed of values and beliefs that take on sacred or cultural characteristics'.

Gumus et al (2018) say that moral leadership requires several qualities, including holding to values, following ethical decision rules, and becoming a role model through visible moral actions. This links to the notion of 'moral purpose', illustrated in Rintoul and Goulais's (2010) study of Ontario (Canada) vice-principals and in Bezzina's (2012) research in New South Wales (Australia).

West-Burnham (1997) discusses two approaches to leadership which may be categorized as 'moral'. One of these is 'moral confidence', the capacity to act in a way that is consistent with an ethical system and is consistent over time. West-Burnham's second category is 'spiritual'.

Spiritual leadership

West-Burnham (1997 : 239) says that spiritual leadership relates to 'the recognition that many leaders possess what might be called "higher order" perspectives. These may well be . . . represented by a particular religious affiliation'. Such leaders have a set of principles which provide the basis of self-awareness. Woods's (1997 : 148) survey of headteachers in England found that 52 % 'were inspired or supported in their leadership by some kind of spiritual power'.

Gibson's (2014 : 531) study of leadership in secular New Zealand primary schools shows that 'spirituality is a complex and controversial human phenomenon, the meaning of which may be shaped and re-shaped by diverse perspectives and experiences' Hammad and Shah (2019) report on the challenges of leading faith schools in a secular society, with specific reference to head teachers of four English Muslim schools. They note that Muslim schools with an emphasis on Islamic values appear to provide a 'safe haven' where young Muslims are expected to grow as worthy members of the community. The challenges facing such heads include issues in developing Muslim identity in a secular society, recruitment of qualified Muslim teachers, and the expectations of their local communities. The authors conclude that supporting faith schooling is consistent with approaches such as integration, cultural pluralism, widening participation and celebrating diversity.

Sergiovanni (1991 : 329) claims that moral leadership is required to develop a learning community:

> In the principalship, the challenge of leadership is to make peace with two competing imperatives, the managerial and the moral. The two imperatives are unavoidable and the neglect of either creates problems. Schools must be run effectively if they are to survive ... But for the school to transform itself into an institution, a learning community must emerge ... [This] is the moral imperative that principals face.

Collegial Leadership

Collegial models assume that organizations determine policy and make decisions through a process of discussion leading to consensus. Power is shared among some or all school members who have a shared understanding about school aims (Bush 2020 : 59). Collegiality was seen as the most appropriate way to run schools in the 1980s and 1990s, when it was regarded as 'the official model of good practice' (Wallace, 1989 : 182). Brundrett (1998 : 305) says that 'collegiality can broadly be defined as teachers conferring and collaborating with other teachers'.

Collegial leadership models are strongly normative, a desirable 'harmony' approach that may not be borne out in practice, with limited evidence of collegial structures and processes in schools. Collegial models are seen as particularly appropriate for organizations, such as schools, that have significant numbers of professional staff. Teachers possess authority arising directly from their knowledge and skill. They have an *authority of expertise* that contrasts with the positional authority associated with principals. Collegial leadership invites professionals to share in the wider decision-making process. Shared decisions are likely to be better informed and are also much more likely to be implemented effectively. Collegial models also assume a common set of values held by members of the organization. These common values guide the managerial activities of the organization and are thought to lead to shared goals. Brundrett (1998 : 308) refers to the importance of 'shared vision' as a basis for collegial decision-making.

Professional learning communities

Professional learning communities (PLCs) can be seen as one manifestation of collegial leadership. Kruse and Johnson (2017 : 589) note that PLCs 'have taken root as one of the most prominent features of teacher organization in schools'. Zheng, Yin and Li (2018) identify five components of 'effective PLCs'; shared values and goals, collaborative activity, a collective focus on student learning, sharing individual practices, and reflective dialogue. Gray, Kruse and Tarter (2016 : 876) suggest that 'PLCs promote teachers' sense of professionalism, collegial, trust, participation is shared decision-making, and collaboration', all of which are also features of wider collegial models.

The concept and practice of PLCs developed in western contexts but there is also increasing evidence of their presence in other countries, notably in Asia. A typical PLC in China is the subject-based teaching research group (jiaoyanzu), where teachers work together with a focus on instructional issues and student learning (Zheng et al 2019).   However, Zhang, Yuan and Yu (2017 : 222) critique that 'TRGs are not spontaneously developed by teachers' but are 'the product of administrative mandates from the education authorities, leading to collaborative activities becoming 'highly institutionalized'.

Ho, Ong and Tan's (2019) study of PLCs in Singapore schools identifies some similar issues. They note the challenges of transferring the western concept of PLC to cultures which are hierarchical and have large power-distance. They report on the Singapore Ministry of Education's 'centralised' promotion of PLCs, which has a 'tight-loose' approach, tighter in advocating a PLC model for Singapore schools, and at the school level, but looser at department levels.   They comment that the hierarchical command and control structure that exists within schools might pose a hindrance to PLC implementation because teachers may not feel sufficiently empowered.

PLCs provide a significant example of the challenges of policy borrowing from a dissimilar context, leading to culturally-informed adaptations.   The top-down nature of PLCs in China and Singapore, in contrast to the normative assumptions of PLC theory, leads to questions about whether mandated reforms are consistent with teacher ownership of professional learning, exemplified through PLC activities.

Participative Leadership

Hoyle and Wallace (2005：124) say that participation refers to 'the opportunities that staff members have for engaging in the process of organizational decision-making'. Leithwood, Jantzi and Steinbach (1999：12) identify three principles of participative leadership:

- Participation will increase school effectiveness.
- Participation is justified by democratic principles.
- Participative leadership is potentially available to any legitimate stakeholder.

Copland (2001) makes a similar point in claiming that participative leadership has the potential to ease the burden on principals and avoid the expectation that the formal leader will be a 'superhead'. Savery, Soutar and Dyson (1992：24) add that 'people are more likely to accept and implement decisions in which they have participated, particularly where these decisions relate directly to the individual's own job'.

Distributed Leadership

Distributed leadership has become the normatively preferred leadership model in the 21st century. Gronn 2010：70) states that 'there has been an accelerating amount of scholarly and practitioner attention accorded [to] the phenomenon of distributed leadership'. Harris (2010：55) adds that it 'represents one of the most influential ideas to emerge in the field of educational leadership'.

Lumby (2019：10) argues that 'distributed leadership is not underpinned by a clear definition', adding that its 'unique selling point' is the potential for 'emergent spontaneous leadership'(ibid). Hairon and Goh (2015) add that the construct of distributed leadership is elusive. Tian et al's (2016) systematic review of the literature also concludes that there is no clear definition. However, Yokota (2020：190) defines it as 'leadership that explicitly aims to move away from the notion of a single leader, and instead aims to foster distribution of leadership, mainly characterized by interactions among stakeholders'.

An important starting point for understanding this phenomenon is to uncouple it from positional authority. As Harris (2004：13) indicates, 'distributed leadership concentrates on engaging expertise wherever it exists within the organization rather than seeking this only through formal position or role'.   Crawford (2012 : 611) notes that interest in distributed leadership is part of a wider shift away from leadership as a solo activity.   Gumus et al (2018 : 31) add that distributed leadership is often used interchangeably with shared, collaborative, delegated and dispersed leadership.

Gronn (2010 : 70) cautions against a view that distributed leadership necessarily means any reduction in the scope of the principal's role.   Indeed, Hartley (2010 : 271) argues that 'its popularity may be pragmatic: to ease the burden of overworked headteachers'.   Lumby (2009 : 320) adds that distributed leadership 'does not imply that school staff are necessarily enacting leadership any differently' to the time 'when heroic, individual leadership was the focus of attention'.

The interest in, and support for, distributed leadership is based on the assumption that it brings about beneficial effects that would not occur with singular leadership. Leithwood et al's (2006) important study of the impact of school leadership led to the articulation of 'seven strong claims' about successful school leadership.   Two of these claims relate to distributed leadership. Leithwood et al (2006 : 12) also show that multiple leadership is much more effective than solo leadership:

> Total leadership accounted for a quite significant 27 per cent variation in student achievement across schools.   This is a much higher proportion of explained variation (two to three times higher) than is typically reported in studies of individual headteacher effects.

'Total leadership' does not necessarily align with distribution but Leithwood et al (2006 : 13) add that schools with the highest levels of student achievement attributed this to relatively high levels of influence from all sources of leadership. Hallinger and Heck (2010 : 670) also found that distributed leadership was significantly related to change in academic capacity and, thus, to growth in student learning.

Allocative distribution

As noted earlier, distributed leadership is conceptualized as an emergent and spontaneous phenomenon in western literature (Bennett et al 2003, Harris 2013, Tian et al 2016). However, the support for this model in centralized contexts has led to a different mode of distribution, with principals allocating tasks and responsibilities in a manner often indistinguishable from delegation.

Bush and Ng (2019) examined the extent and nature of distribution in 14 schools in two Malaysian states, Selangor and Sarawak. Distributed leadership features prominently in the country's main reform document, the Malaysia Education Blueprint. However, the Blueprint links distribution to the hierarchy in two ways. First, the focus is firmly on middle and senior leaders holding formal roles in the structure. Second, the scope of distribution is circumscribed; leaders will be prepared to fully utilise the decision-making flexibilities *'accorded to them'* (MEB：E28) (present author's emphasis).

The Blueprint's cautious approach to distribution is consistent with the notion of allocative distributed leadership (Bolden et al, 2009). This suggests an uneasy compromise between the free-flowing assumptions of distributed leadership theory and the rigid requirements of the hierarchy. The evidence from the Malaysian schools is that distributed leadership is almost indistinguishable from delegation, because principals remain in control and have firm reporting requirements (Bush and Ng 2019).

Hairon and Goh's (2015) research on distributed leadership in Singapore leads them to discuss the related notion of 'bounded empowerment'. 'Empowerment in Singapore suggests the necessity to only relinquish control of decisions with certain caveats'(ibid：707). Similarly, Yokota (2020：187) claims that 'Japan has adopted a modified approach to distributed leadership style, which is somewhat similar to delegation', recognizing the centrality of the principal in the school hierarchy. Such studies indicate that the language of distribution has been captured to legitimize practices previously described as delegation, contributing to a number of critiques of this leadership model.

Critiques of distributed leadership

Although there is considerable interest in, and support for, distributed leadership, there is also extensive criticism of this model. Tian et al's (2016) meta-analysis includes a section called 'questioning the concept of distributed leadership'. One aspect of this critique relates to micropolitics, with Johnson (2004) warning that distributed leadership might be camouflaged as a micropolitical strategy to rationalize top-down management.   Similarly, Lumby (2013) argues that distributed leadership is a political phenomenon 'replete with the uses and abuses of power'.

Lumby (2019 : 11) offers a criticism which links to the earlier discussion of allocative distribution. 'What appears to be happening resembles . . . formal and informal delegation within a bureaucratic system'.   She concludes that 'the discovery of persistent hierarchy in sites where distributed leadership has been researched suggests that at least elements of bureaucracy are a near-universal approach to leadership' (ibid : 14).

Teacher Leadership

There are clear links between teacher leadership and distributed leadership. Grant (2006) offers a four-part model of teacher leadership, based on research in South African schools:

- Leadership within the classroom;
- Leadership beyond the classroom, with other teachers;
- Leadership for whole-school development;
- Leadership beyond the school and in the community.

Grant (2006 : 523) adds that there are three prerequisites for teacher leadership: First, a collaborative culture is required, with participatory decision-making, and vision sharing.   Second, a set of values is needed, to assist in developing the collaborative culture.   Third, the principal and the formal management team need to encourage a distributed leadership approach.   Lai and Cheung (2015) examine teacher leadership in the context of curriculum reform in Hong Kong. They argue that teacher leadership has three distinct strands; participation, learning and influence, and they all require both teacher agency and support from senior leadership. Stevenson (2012) argues that the interpretation of teacher leadership is managerialist in nature and inherently conservative. Helterbran (2008 : 363) notes that teacher leadership 'remains largely an academic topic and, even though inroads have been made, **teacher leadership** remains more a concept than an actuality'.

Developing teacher leadership may be particularly challenging in centralized contexts, for example in Egypt (Emira 2010), where the Ministry of Education restricts teacher leadership to the classroom, and in Iran (Aliakbari and Sadeghi 2014), where the education system is 'top-down'. However, Bush, Ng, Glover and Romero's (2016) research on master teachers as teacher leaders in Malaysia and Philippines shows that master teachers were able to operate at all four levels of the Grant (2006) model.

Instructional Leadership

I noted earlier that instructional leadership does not fit comfortably into the solo/ shared distinction shown in table 1. This is because its main focus is on the direction of influence (teaching and learning) rather than on leadership style (Bush and Glover, 2014).　In this section, I outline the central features of instructional leadership.

The increasing emphasis on managing teaching and learning as the core activities of educational institutions has led to instructional leadership being emphasized and endorsed. Hallinger and Lee (2014 : 6) claim that 'a growing body of international research suggests that instructional leadership from the principal is essential for the improvement of teaching and learning in schools'.　The three core dimensions of instructional leadership are monitoring (including classroom observation), modelling, demonstrating good classroom practice, and mentoring, to address development needs.　Yokota (2020 : 190) defines it as 'leadership that is explicitly targeted at creating in-school conditions under which teachers can improve teaching and students can enhance learning'.　Chen et al (2017) note that a team approach to instructional leadership is conducive to teacher professionalism in Japan.

Despite its prominence and longevity, instructional leadership has been criticized on two grounds. First, it is perceived to be primarily concerned with teaching rather than learning (Bush 2013).　The second criticism is that it 'focused too much on the principal as the centre of expertise, power and authority'(Hallinger 2003 : 330). As a consequence, it tends to ignore or underplay the role of other leaders such as deputy principals, middle managers, leadership teams, and classroom teachers. Lambert (2002 : 37) claims that 'the days of the lone instructional leader are over.

We no longer believe that one administrator can serve as the instructional leader for the entire school without the substantial participation of other educators'. Robinson al's (2008) meta analysis of published research shows that 'the closer leaders are to the core business of teaching and learning, the more likely they are to make a difference to students'.

The recent emphasis on instructional leadership is based largely on practice in decentralised and partly decentralised contexts, where principals have substantial scope to decide how to lead and manage their schools (Bush and Glover 2014). However, there is evidence (e.g. Bush et al 2018 in Malaysia, Gumus and Akcaoglu 2013 in Turkey, Hallinger and Lee 2014 in Thailand, and Kaparou and Bush in Greece) that governments of centralised systems, which prescribe instructional leadership, may be disappointed, as principals are reluctant to move away from their traditional managerial approaches (Bush 2019).

Contingent Leadership

The models of leadership examined earlier are all partial. They provide valid and helpful insights into one particular aspect of leadership. They are mostly normative and often have vigorous support from their advocates. Despite the advocacy, at different times and in diverse contexts, of instructional, transformational and distributed leadership, no single approach is sufficient to address all situations and problems (Bush, 2020).

The contingent model provides an alternative approach, recognizing the diverse nature of school contexts and the advantages of adapting leadership styles to the particular situation, rather than adopting a 'one size fits all' stance. This approach assumes that what is important is how leaders respond to the unique organizational circumstances or problems . . . there are wide variations in the contexts for leadership and that, to be effective, these contexts require different leadership responses' (Leithwood et al, 1999 : 15).

Yukl (2002 : 234) adds that 'the managerial job is too complex and unpredictable to rely on a set of standardised responses to events. Effective leaders are continuously reading the situation and evaluating how to adapt their behaviour to it'. Notman's (2017) New Zealand shows the importance of context in deciding leadership approaches.   His case study principals 'were highly responsive to the demands and challenges within and beyond their own school context' (ibid : 768). He concludes by stressing the need for contingent or 'adaptive' leadership, sensitive to the school context, rather than a single inflexible model.

Leadership requires effective diagnosis of problems, followed by adopting the most appropriate response to the issue or situation. This reflexive approach is particularly important in periods of turbulence when leaders need to be able to assess the situation carefully and react as appropriate rather than relying on a standard leadership model (Bush, 2020).

Conclusion: The Future of Educational Leadership Theory

The explosion of interest in leadership in the 21st century is underpinned by recognition of its central role in promoting school improvement, linked to Sustainable Development Goal 4 (Quality Education). The Leithwood et al (2006) study showed that leadership accounted for more than a quarter of the variation in student outcomes across schools.   This evidence has encouraged many governments to foreground leadership when instituting policy reforms.   Leadership preparation initiatives are also increasingly evident, to provide specialist training and induction for the current and future generations of school principals.

This phenomenon has led to consideration of the 'best way' to lead and manage schools, to inform policy and practice.   This search for the 'holy grail' has been unsuccessful as each model, separately, is insufficient to deal with all the problems and events faced by school leaders, despite powerful advocacy for different approaches by academics, policymakers and practitioners. However, we can discern certain trends that may provide a clue for good leadership practice.

First, the limitations of 'heroic' solo leadership are increasingly evident. Principals are simply too busy to undertake all their responsibilities without support.   This has led to the introduction of senior leadership teams in many countries, to provide collective leadership. In addition, people recognize that expertise is widely shared in professional organizations such as schools. This is most evident in the specialist leadership of heads of department and other middle leaders, who have specific knowledge of discrete parts of the curriculum. Drawing on 'all these talents' leads to greater leadership density, with the capacity to address a wider range of issues and problems. This suggests a focus on distributed and teacher leadership, although they should not be seen as a panacea. Instructional leadership is also important because of its links to pedagogy and because its focus is clearly on student learning. Globalization, epitomized, for example by international comparisons of student outcomes, leads policymakers to consider how best to promote school improvement, although this risks narrowing the curriculum to focus only on what can be readily measured.

Second, the Covid-19 pandemic has raised powerful questions about the purpose of education. The drive to improve student outcomes, prompted partly by international comparative data such as the Programme for International Student Assessment (PISA), led many governments to focus on standardized test results, especially for core subjects such as language, mathematics and science. This led to a narrowing of the curriculum, with a reduced focus on drama, music and sport, for example, The pandemic also exacerbated child welfare issues, illustrated most strongly by increasing mental health challenges leading, in extreme cases, to child suicides. The search is on for a balance between academic and welfare issues, suggesting that the focus on instructional leadership may be modified.

The third trend is the growing recognition of the importance of context in applying leadership theory. Effective leaders spend time on situational analysis, assessing school students and staff, working with stakeholders, and developing a sense of the priorities of each stakeholder group. This leads to a nuanced leadership approach, with diverse styles being adopted for different individuals and groups, while not losing sight of the school vision, which should be developed collaboratively. One significant aspect of context is the degree of centralization in the education system. This is often underpinned by deeply held national cultural values, established over many decades, that influence all aspects of society, including schools. Such cultural norms inevitably mean that policy borrowing from other education systems should be approached very carefully. 'Adapt, not adopt', should be the mantra when considering ideas that appear to have worked well in very different settings.

Theory is constantly evolving as it interacts with research, policy and practice. A combination of transformational, distributed and instructional approaches may be appropriate, if applied sensitively with recognition of the importance of student and staff welfare, heightened by the challenges posed during and after the pandemic.

The analysis in this paper has two main implications for teacher development in Japan. First, the models provide a starting point for continuing professional development, especially for teachers who visualize their role to be more than classroom teaching. Hoyle (1982) distinguishes between restricted and extended professionals, with the latter group adopting a school-wide role, rather than being only a classroom teacher, although the importance of this latter dimension should not be underestimated. Similarly, as noted above, Grant (2006) identifies classroom practice as only one of four aspects of teacher leadership. The models provide a guide for teacher leaders, addressing the key question about 'how to lead'.

Second, the analysis points to the need for specific leadership development for middle and senior leaders, including principals. Such opportunities could be very helpful in improving the skills, knowledge and abilities of professionals seeking, or currently holding, leadership positions in schools. Significantly, some successful Asian jurisdictions, notably China, Hong Kong, Malaysia and Singapore have well-established leadership development programs, providing a pipeline of trained school principals. It may be sensible for policymakers to consider whether this would be helpful for Japan.

【References】

Alsaeedi, F. and Male, T. (2013), Transformational leadership and globalization: Attitudes of school principals in Kuwait, *Educational Management, Administration and Leadership,* 41 (5): 640-657.

Bass, B.M. (1998), *Transformational Leadership: Industry, Military and Educational Impact*, Mahwah, NJ, Erlbaum.

Begley, P. (2007), 'Editorial introduction: Cross-cultural perspectives on authentic school leadership, *Educational Management, Administration and Leadership*, 35 (2): 163-164.

Bennett, N., Harvey, J., Wise, C. and Woods, P. (2003), *Distributed leadership: A desk study*, Nottingham, NCSL.

Berkovich, I. (2018), Will it sink or will it float: Putting three common conceptions about principals' transformational leadership to the test, *Educational Management, Administration and Leadership,* 46 (6): 888-907.

Bezzina, M. (2012), Paying attention to moral purpose in leading learning: Lessons from the leaders transforming learning and learners project, *Educational Management, Administration and Leadership,* 40 (2): 248-271.

Berkovich, I. (2018), Will it sink or will it float: Putting three common conceptions about principals' transformational leadership to the test, *Educational Management, Administration and Leadership,* 46 (6): 888-907.

Bolden, R., Petrov, G. and Gosling, J. (2009), Distributed leadership in higher education: Rhetoric and reality, *Educational Management, Administration and Leadership,* 37 (2): 257-277.

Bolman, L.G. and Deal, T.E. (1997) *Reframing Organisations: Artistry, Choice and Leadership,* San Francisco, CA: Jossey-Bass.

Brundrett, M. (1998), What lies behind collegiality, legitimation or control?, *Educational Management and Administration,* 26 (3): 305-316.

Bush, T. (2013), Instructional leadership and leadership for learning: Global and South African perspectives, *Education as Change,* 17 (S1): 5-20.

Bush, T. (2015), Organisation theory in education: How does it inform school leadership? *Journal of Organizational Theory in Education,* 1 (1): 35-47.

Bush, T. (2019), Models of educational leadership, in Bush, T., Bell, L. and Middlewood, D. (Eds.), *Principles of Educational Leadership and Management:*Third edition, London, Sage.

Bush, T. (2020), *Theories of Educational Leadership and Management: Fifth Edition,* London, Sage.

Bush, T. and Glover, D. (2014), School leadership models: What do we know? *School Leadership and Management,* 34 (5): 553-571.

Bush, T. and Glover, D. (2016), School leadership and management in South Africa: Findings from a systematic literature review, *International Journal of Educational Management,* 30 (2): 216-231.

Bush, T. and Ng, A. (2019), Distributed leadership and the Malaysia Education Blueprint: From prescription to partial school-based enactment in a highly centralized context, *Journal of Educational Administration,* 57 (3): 279-295.

Bush, T., Ng, A., Adul-Hamid, S. and Kaparou, M. (2018), School leadership theories and the Malaysia Education.

Blueprint: Findings from a Systematic Literature Review, *International Journal of Educational Management,* 32 (7): 1245-1265.

Connolly, M., James, C. and Fertig, M. (2019), The difference between educational management and educational leadership and the importance of educational responsibility, *Educational Management, Administration and Leadership,* 47 (4): 504-519.

Copland, M. (2001), The myth of the superprincipal, *Phi Delta Kappan,* 82: 528-532.

Emira, M. (2010), Leading to decide or deciding to lead? Understanding the relationship between teacher leadership and decision-making, *Educational Management, Administration and Leadership,* 38 (5): 591-612.

Gibson, A. (2014), Principals' and teachers' views of spirituality in principal leadership in three primary schools, *Educational Management, Administration and Leadership,* 42 (4): 520-535.

Grant, C. (2006), Emerging voices on teacher leadership: Some South African views, *Educational Management, Administration and Leadership,* 34 (4): 511-532.

Gray, J., Kruse, S. and Tarter, J. (2016), Enabling school structures, collegial trust and academic emphasis: Antecedents of professional learning communities, *Educational Management, Administration and Leadership,* 44 (6): 511-532.

Gronn, P. (2010), 'Where to next for educational leadership?', in Bush, T., Bell, L. and Middlewood, D. (Eds.), *The Principles of Educational Leadership and Management,* London, Sage.

Gumus, S. and Akcaoglu, M. (2013), Instructional leadership in Turkish primary schools: An analysis of teachers' perceptions and current policy, *Educational Management, Administration and Leadership,*41 (3), 289-302.

Gumus, S., Bellibas, M., Esen, M. and Gumus, E. (2018), A systematic review of studies on leadership models in educational research from 1980 to 2014, *Educational Management, Administration and Leadership,* 47 (4): 520-537.

Hairon, S. and Goh, J. (2015), Pursuing the elusive construct of distributed leadership: Is the search over?, *Educational Management, Administration and Leadership,* 43 (5): 693-718.

Hallinger, P. (2003), *Reshaping the Landscape of School Leadership: A Global Perspective,* Lisse: Swets and Zeitlinger.

Hallinger, P. and Heck, R. (2010), Leadership for learning: Does distributed leadership make a difference in student learning, *Educational Management, Administration and Leadership,* 38 (6): 654-678.

Hallinger, P. and Lee, M. (2014), Mapping instructional leadership in Thailand: Has education reform impacted principal practice, *Educational Management, Administration and Leadership,* 42 (1): 6-29.

Hammad, W. and Shah, S. (2019), Leading faith schools in a secular society: Challenges facing head teachers of Muslim schools in the United Kingdom, *Educational Management, Administration and Leadership,* 47 (6): 943-959.

Harris, A. (2003), 'The changing context of leadership: research, theory and practice, in Harris, A., Day, C., Hopkins, D., Hadfield, M., Hargreaves, A. and Chapman, C. (Eds.), *Effective Leadership for School Improvement,* London, Routledge Falmer.

Harris, A. (2004) Distributed leadership in schools: leading or misleading?, *Educational Management, Administration and Leadership,* 32 (1): 11-24.

Harris, A. (2010), 'Distributed leadership: Current evidence and future directions', in Bush, T., Bell, L. and Middlewood, D. (Eds.), *The Principles of Educational Leadership and Management,* London, Sage.

Harris, A. (2013), Distributed leadership: Friend or foe? *Educational Management, Administration and Leadership,* 41 (5): 545-454.

Hartley, D. (2010), 'Paradigms: 'How far does research in distributed leadership "stretch"', *Educational Management, Administration and Leadership,* 38(3): 271-285.

Ho, J., Ong, M. and Tan, L.S. (2019), Leadership of professional learning communities in Singapore schools: The tight-loose balance, *Educational Management, Administration and Leadership,* 46 (4): 538-555.

Hopkins, D. and Jackson, D. (2002), Building the capacity for leading and learning, in A. Harris, C. Day, M. Hadfield, D. Hopkins, A. Hargreaves, and C. Chapman (eds.), *Effective Leadership for School Improvement,* London: Routledge.

House, E.R. (1981) 'Three perspectives on innovation', in R. Lehming and M. Kane (eds), *Improving Schools: Using What We Know,* Beverly Hills, CA: Sage Publications.

Hoyle, E. (1982), The professionalization of teachers: A paradox, *British Journal of Educational Studies,* 30 (2): 161-171.

Hoyle, E. and Wallace, M. (2005), *Educational leadership: Ambiguity, Professionals and Managerialism,* London, Sage.

Johnson, B.L. (2004), Where have all the flowers gone? Reconnecting leadership preparation with the field of organization theory, in M. Connolly, D. Eddy-Spicer, C. James. and Kruse, S. (eds.), *The Sage Handbook of School Organization,* Los Angeles, Sage.

Judge, T. and Piccolo, R. (2004), Transformational and transactional leadership: A meta-analytic test of their relative validity, *Journal of Applied Psychology,* 89 (5): 755-768.

Kaparou, M. and Bush, T. (2015), 'Instructional leadership in centralized systems: Evidence from Greek high performing secondary schools, *School Leadership and Management,* 35 (3): 321-345.

Kruse, S. and Johnson, B. (2017), Tempering the normative demands of professional learning communities with the organizational realities of life in schools: Exploring the cognitive dilemmas faced by educational leaders, *Educational Management, Administration and Leadership,* 45 (4): 588-604.

Lai, E. and Cheung, D. (2015), Enacting teacher leadership: The role of teachers in bringing about change, *Educational Management, Administration and Leadership,* 43 (5): 673-692.

Lambert, L. (2002), Leading as a form of learning: Implications for theory and practice, *The Changing World of School Administration,* NCPEA Yearbook.

Leithwood, K. (1994), Leadership for school restructuring, *Educational Administration Quarterly,* 30 (4): 498-518.

Leithwood, K., Jantzi, D. and Steinbach, R. (1999) *Changing Leadership for Changing Times,* Buckingham: Open University Press.

Leithwood, K., Day, C., Sammons, P., Harris, A. and Hopkins, D. (2006), *Seven Strong Claims about Successful School Leadership,* London, DfES.

Litz, D. and Scott, S. (2017), Transformational leadership in the educational system of the United Arab Emirates, *Educational Management, Administration and Leadership,* 45 (4): 566-587.

Lumby, J. (2013) Distributed leadership: The uses and abuses of power, *Educational Management, Administration and Leadership,* 41 (5): 581-597.

Lumby, J. (2019), Distributed leadership and bureaucracy, *Educational Management, Administration and Leadership,*47 (1): 5-19.

Ministry of Education, Malaysia (2013), *Malaysia Education Blueprint 2013-2025,* Putrajaya, MoE.

Newton, P., Burgess, D. and Burns, D. P. (2010), Models of educational administration: Revisiting Willower's 'theoretically oriented' critique, *Educational Management, Administration and Leadership,* 38 (5): 578-590.

Notman, R. (2017), Professional identity, adaptation and self: Cases of New Zealand principals during a time of change, *Educational Management, Administration and Leadership,* 45 (5): 759-773.

Oterkil, C. and Ertesvag, S. (2014), Development of a measurement for transformational and transactional leadership in schools taking on a school-based intervention, *Educational Management, Administration and Leadership,* 42 (4S): 5-27.

Rintoul, H.M. and Goulais, L. (2010), Vice principalship and moral literacy: Developing a moral compass, *Educational Management, Administration and Leadership,* 38 (6): 745-757.

Robinson, V., Lloyd, C. and Rowe, K. (2008), The impact of leadership on student outcomes: The differential effects of leadership type, *Educational Administration Quarterly*, 44 (5): 635-674.

Sergiovanni, T. (1984) 'Leadership and excellence in schooling', *Educational Leadership*, 41 (5): 4-13.

Sergiovanni, T.J. (1991) *The Principalship: a reflective practice perspective*, Needham Heights, MA: Allyn and Bacon.

Simkins, T., Coldron, J., Crawford, M. and Maxwell, B. (2019), Emerging school landscapes in England: How primary system leaders are responding to new school groupings, *Educational Management, Administration and Leadership*, 47 (3): 331-348.

Savery, L, Soutar, G. and Dyson, J. (1992), Ideal decision-making styles indicated by deputy principals, *Journal of Educational Administration,* 46 (5): 713-728.

Starratt, R. (2005) 'Ethical leadership', in Davies, B. (Ed.), *The Essentials of School Leadership*, London, Paul Chapman.

Stevenson, H. (2012), Teacher leadership as intellectual leadership: Creating spaces for alternative voices in the English school system, *Professional Development in Education*, 38 (2): 345-360.

Thomas, L., Tuytens, M., Devos, G., Kelchtermans, G. and Vanderlinde, R. (2020), Transformational school leadership as a key factor for teachers' attitudes during their first year in the profession, *Educational Management, Administration and Leadership,* 48 (1): 106-132.

Tian, M., Risku, M and Collin, K. (2016), A meta-analysis of distributed leadership from 2002-2013: Theory development, empirical analysis and future research focus, *Educational Management, Administration and Leadership,* 44 (1): 146-164.

West-Burnham, J. (1997) 'Leadership for learning: reengineering "mind sets"', *School Leadership and Management*, 17 (2): 231-43.

Woods, G. (2007), 'The "bigger feeling": The importance of spiritual experience in educational leadership', *Educational Management, Administration and Leadership*, 35 (1): 135-155.

Yokota, H. (2021), School leadership development practices in Japan, *International Journal of Leadership in Education*, https://doi.org/10.1080/13603124.2021.1972164.

Yukl, G.A. (2002) *Leadership in Organizations*, 5th edn, Upper Saddle River, NJ: Prentice-Hall.

Zhang, J., Yuan, R. and Yu, S. (2017), What impedes the development of professional learning communities in China? Perceptions from leaders and front-line teachers in three schools in China, *Educational Management, Administration and Leadership,* 45 (2): 219-237.

Zheng, X., Yin, H. and Li, Z. (2019), Exploring the relationships among instructional leadership, professional learning communities and teacher self-efficacy in China, *Educational Management, Administration and Leadership,* 47 (6): 843-859.

Educational Leadership Theory

Tony Bush（University of Nottingham）

Educational leadership has grown in importance as policymakers and practitioners increasingly realize its importance in promoting school and student outcomes.　Policy, research, theory and practice combine and inter-relate to provide the building blocks of educational leadership as an academic field and as an arena for organizational development. There are multiple theories that stress different aspects of leadership and are advocated by researchers and policy advisers.　A major distinction is between those theories that stress individual leadership activity （solo models）and those that advocate team-based leadership（shared models）. The most prominent models in the 21st century, often cited in policy reform documents, are instructional, distributed and transformational leadership, all of which can be effective in supporting school improvement.　Instructional leadership focuses on leadership of learning, linked to student outcomes.　Distributed leadership stresses that initiatives may emerge from anywhere in the organization, independent of the formal hierarchy. Transformational leadership emphasizes the importance of vision, a dream of a better future for the organization and its members. A judicious combination of these three models may be the most appropriate way to shape leadership, if adapted to meet the specific needs of each educational context. The models provide a guide to leadership practice, addressing the key question of how to lead? They also help in formulating the curriculum for courses and activities designed to prepare school leaders. As the need to regard school leadership as a distinct profession, with its own identity, is increasingly recognized, so more jurisdictions are developing specific training for aspiring principals, including understanding the power of theory to enhance leadership for the benefit of students and teachers.

Key Words

distributed leadership, instructional leadership, policy reform, theory, transformational leadership

〈邦訳版〉

教育リーダーシップ理論

ノッティンガム大学　トニー・ブッシュ

教育リーダーシップの構成要素

　主に4つの要素が教育リーダーシップ（Educational Leadership）の基礎を構成している。その4つとは政策，理論，研究，実践である。政策は学校管理職にとっての法的なよりどころであり，また，教育省をはじめとする政府機関の正式な期待を表す。これらは学校レベルの意思決定を支える根拠となる。政策の主要な側面は教育制度の集権化の度合いである。なぜなら，それはリーダーシップの意思決定範囲に直接影響を及ぼすからだ。研究は政策と実践を支える確かな知識基盤を提供する。日本では，政策立案者と密接なつながりを持つ国立教育政策研究所がその良い例である。理論は，以下に述べるように，政策と実践のさまざまな理解・解釈の仕方を提供する。リーダーシップとは本質的に実践活動であり，学校や大学など，教育的文脈の中で行われる。これら4つの教育リーダーシップの柱が，国家や地域の中でさまざまにダイナミックな相互作用を示し，豊富な行動パターンを生み出す。そして，それが学校や生徒に大きな影響を与える。例えばマレーシアのように，政策立案者は教育改革を進めるに当たって，理論または研究を引き合いに出すことがある（Bush et al, 2019）。しかし Newton et al（2010：588）は，理論は教育改革戦略を特徴づける場合があるものの，レシピとして理論を利用するアプローチは避けるべきだと，政治家や上級行政官に対して助言している。

教育リーダーシップにおける理論の性格

　すべてを説明できるような教育リーダーシップ理論はない。「文献を見れば競合する理論や反論があふれており，単一の包括的理論を打ち立てようとしても無理である」（Harris, 2003：15）。教育理論は状況の変化に対応し，1つの

問題をさまざまな方法から検討することで構成されている。真実をめぐる科学的なコンセンサスとは異なる。House（1981：17）は，教育においては複数の視点が同時に有効であると主張している。複数の異なる視点が存在することにより，Bolman and Deal（1997：11）のいう「概念的多元性：多数の声がもたらす不協和音」が生じる。教育リーダーシップの多様な理論は，学校や大学での事象や行動に対する理解・解釈の仕方がさまざまであることを反映している。それらの理論はまた，教育機関をどのように管理すべきかをめぐる，しばしばイデオロギーに基づく，間違いなく多様な考え方の表れでもある。その結果，理論は「争いの場」（Bush, 2015：36）と化す。こうして教育リーダーシップの理論は，以下に示すように，規範的であり，選択的となる。

　数多くの教育リーダーシップ理論は，いくつかの代替モデルまたはタイプに集約することができる。これらの類型のうち最もよく知られている2つは，Leithwood, Jantzi and Steinbach（1999）と Bush and Glover（2014）によるものだ。ソロ・リーダーシップ（solo leadership）とシェアド・リーダーシップ（shared leadership）の間には明確な違いがある。前者は校長などリーダー個人に焦点を当てる。後者はリーダーシップを集団やチームの活動として表れることが多い共同活動と捉える。**表1**はソロ・リーダーシップとシェアド・リーダーシップの主なモデルを示している。

表1　リーダーシップモデルの類型

ソロ	シェアド
管理的（*Manageial*）	同僚的（*Collegial*）
交換型（*Transactional*）	参加型（*Participative*）
変革型（*Transformational*）	分配型（*Distributed*）[1]
道徳的（*Moral*）	教師（*Teacher*）

出典：Bush and Glover, 2014

　Yokota（2020）によると，日本の教育制度では4つの理論，交換型，教育的（instructional），変革型，分配型リーダーシップが見られると言う。

　2つの重要なモデルが，このソロ／シェアドという分類に対抗している。教育的リーダーシップは，後述するように，その発揮の仕方によってソロにもシェアドにもなる。同様に，コンティンジェンシー理論（contingency theory）は実践的なモデルで，リーダーシップのタイプやスタイルはコンテクストに左右され，特定のリーダーシップ原則では捉えられない。これらのモデルはリーダーシップ理論の複雑さを増大させ，競合性の高さを示している。上述の件のモデルについては，この後のセクションで検討する。

　これらのリーダーシップモデルは西欧で構想され，改良を重ねた上で，他の（しばしばまったく異なる）コンテクストに適用されてきた。Yokota（2020：190）によると，「それらは文化的・社会的な違いを考慮した概念的改変をほとんど加えないまま，日本に導入された」。

管理的リーダーシップ

　管理的リーダーシップは，組織職階と密接に関連している（Leithwood, Jantzi and Steinbach, 1999）。「地位の持つ力が，公式の方針や手順と相まって，管理的リーダーシップが発揮する影響力の源になる」（Ibid：17）。権限や権力はリーダーが果たす公式の役割と密接に関わっている。学校では，校長が最上位のリーダーであり，最大の権力を行使する。

　しかし，特に集権型システムにおいては，校長は立場として国や地域の役人に従属することがある。Gumus et al（2018：219）は「このモデルは，教育制度が中央集権的である国でよく見られる。なぜなら，官僚的階層内でより高い地位にいる外部管理者の命令を実行することが相当程度重視されるからだ」と述べる。こうした垂直的アカウンタビリティの方向性により，リーダーが生徒や教師，保護者などの関係者のニーズに応える余地が限定されかねない。日本は「学校への権限移譲に熱心ではなく」（Yokota, 2020：187），学校リーダーシップは「比較的トップダウン的であると見なされる」（Ibid：188）。

管理主義

　管理的リーダーシップは「管理主義」につながる可能性がある。それは教育上の目的や価値を犠牲にして管理プロセスに重きを置く考え方で，Hoyle and Wallace（2005）はこれを「過度のリーダーシップおよび管理」と表現した。管理主義はリーダーシップの支援的役割を超越し，極端な場合はそれ自体が目的と化す。Simkins（2005）は，管理主義的な価値観は英国（イングランド）の伝統的な職業的価値観に反するという。彼は「権力の再分配」について述べている。つまりプロフェッショナルの権限や自主性が，課題を定め，働き方を

決める力である管理者の権力に取って代わられている。効果的な管理は必要不可欠だが，価値判断を伴わない管理主義は不適切かつ有害である。

交換型リーダーシップ

交換型リーダーシップは，価値のあるリソースとの交換をベースとしている。Miller and Miller（2001）の定義では，交換型リーダーシップを交換プロセスと呼ぶ。同様に，Yokota（2020：190）はそれを「主に相互交換，条件付きの報酬または服従を通じて，共通の目的意識に必ずしも注意を払うことなく，所定の結果を達成するために発揮されるリーダーシップ」と定義する。

交換は，組織メンバーのために確立された政治戦略である。校長は，その優位な地位に起因する権限を有している。さらに，昇進や推薦など，重要な報奨という形の権力も握っている。一方，学校を効果的に管理するには，スタッフの協力が欠かせない。交換は当事者双方にとってのメリットを確保することができる。

交換型リーダーシップの主たる限界は，交換に由来する目先の利得以上にスタッフのエンゲージメントを高めることができず，スクールリーダーが促進するビジョンや価値観に対する長期的なコミットメントを生み出さない点にある。しかしBass（1998：11）は，リーダーはしばし変革型アプローチと交換型アプローチの両方を利用すると強調する。「取引上の合意を一貫して守ることで信頼や信用が築かれ，部下がリーダーの一貫性を認識する。そのそれぞれが変革型リーダーシップの基盤となる」。Oterkil and Ertesvag（2014）はさらに，最も優れたリーダーは交換型かつ変革型であるという。次のセクションでは変革型リーダーシップについて検討する。

変革型リーダーシップ

変革型リーダーシップは，学校の目標に対する高いレベルの個人的なコミットメントを築く。そうした目標達成の能力が高まれば，さらなる努力が生まれ，生産性が向上するとみなされる（Leithwood et al, 1999）。このような変革型リーダーシップは個人の力，すなわちカリスマ性という考え方に結びつく。Yokota（2020：190）はそれを「指導や学習を明確に強調することなく，ビジョンを定め，人を育て，組織を再設計することで改善の条件を整えることに重点を置くリーダーシップ」と定義する。そして，日本では，変革型リーダー

シップは学校・家庭・地域の協働が中心になると付け加える。

　変革型リーダーシップがプラスの効果を生むという考え方は，国際的な研究でも裏づけられている。例えば Thomas et al（2018）によると，フランドル地域（ベルギー）の就任1年目の小学校教師に対し調査を行ったところ，校長の変革型リーダーシップが教師の前向きな態度に直接関係していたという。同様に Ninkovic and Floric（2018）は，セルビアで，変革型リーダーシップが教師の集団的効力感に良い効果をもたらしたことを示している。

　Berkovich（2018）によると，変革型リーダーシップは2000年代半ばに世界的に広まるまでは，主に西欧の概念であった。彼は，このモデルへの関心の高まりは教育再編を求める世界的な圧力と関係があり，政策借用の増加ともリンクしているという。例えば Alsaeedi and Male（2013）は，変革型リーダーシップの人気をグローバル化とはっきり結びつけている。しかし Litz and Scott（2017）は，集権的なコンテクスト，とりわけ階層性や集団主義をめぐる期待に沿うよう，このモデルを修正するべきだと強調する。そして彼らは，そうした期待を反映した「異文化的変革型リーダーシップモデル」を提案している。基本的な問いは「誰による，誰のための変革か」である。

道徳的リーダーシップ

　Leithwood et al（1999）は，道徳的リーダーシップで重点が置かれるのはリーダーの価値観や信条，倫理観だという。価値観をベースにしたリーダーシップを表すには，他にもいくつかの用語が使われる。例えば，倫理的リーダーシップ（ethical leadership）（Starratt, 2005），オーセンティック・リーダーシップ（authentic leadership）（Begley, 2007），スピリチュアル・リーダーシップ（spiritual leadership）（Woods, 2007）などである。Sergiovanni（1984：10）は「優秀な学校には，神聖または文化的な特徴を帯びた価値観や信条から成る，核となる部分がある」と述べる。

　Gumus et al（2018）は，道徳的リーダーシップには，価値観へのこだわり，倫理的な決定ルールの遵守，目に見える形での道徳的行為を通じたロールモデル化など，いくつかの資質が要求されるという。これは，オンタリオ州（カナダ）の副校長に対する Rintoul and Goulais（2010）の調査や，ニューサウスウェールズ州（オーストラリア）での Bezzina（2012）の研究でいわれる「道徳的目的」という考え方につながるものである。

West-Burnham (1997) は，「道徳的」と分類されるリーダーシップに対する 2 つのアプローチについて論じている。その 1 つは「道徳的確信」，すなわち倫理体系に合致し，時間が経っても変わらぬ方法で行動する能力である。もう 1 つは「スピリチュアル」である。

スピリチュアル・リーダーシップ

West-Burnham (1997：239) によれば，スピリチュアル・リーダーシップは「多くのリーダーが『高次』の視点とでも呼ぶべきものを持っているとの認識」に関係しており，「そうした視点は恐らく特定の信仰から表れているだろう」と指摘する。そのようなリーダーは自己認識の基礎となる原理・原則を備えている。英国（イングランド）の校長に対する Woods (1997：148) の調査によると，52%が「リーダーシップを発揮するに際して何らかのスピリチュアルな力に触発されたり，支えられたりしていた」。

ニュージーランドの宗教色がない小学校のリーダーシップを調べた Gibson (2014：531) によると，「スピリチュアリティは複雑で賛否の分かれる人間現象であり，その意味はさまざまな視点や経験によって形成，再形成される」という。Hammad and Shah (2019) は，英国（イングランド）の 4 つのイスラム校の校長を特に参照しながら，世俗社会における有力な信仰に基づく学校の課題について報告している。彼らによると，イスラムの価値観を重視するイスラム校は，若いイスラム教徒にとって「安全な避難場所」となっているように見受けられるという。そこでは，彼らがコミュニティにとって価値あるメンバーとして成長することが期待されている。校長たちがそこで直面する課題としては，世俗社会でイスラムのアイデンティティをどう育むか，イスラムの教師としての適格者をどう採用するか，地域社会の期待にどう応えるかなどがある。Hammad and Shah は最後に，信仰に基づく学校を支持することは，統合，文化的多元主義，参加拡大，多様性の尊重といった取り組みに合致すると結論づける。

Sergiovanni (1991：329) は，道徳的リーダーシップは学習コミュニティを構築しなければならないと述べる。

　　「校長にとってのリーダーシップ上の課題は，管理と道徳という 2 つの相反する責務とどう折り合いをつけるかにある。この 2 つは避けることができず，どちらかをおろそかにすると問題が起きる。学校は生き残ろうと

するなら効果的に運営しなければならない。…しかし学校が１つの機関として変容するためには，学習コミュニティが立ち現れなければならない。…これは校長が直面する道徳的責務である。」

同僚的リーダーシップ

　同僚的モデルは，組織が話し合いによる合意形成を通じて方針を定め，決定を下すとの前提に立つ。権限は，学校の目的について共通理解を有する一部またはすべての学校構成員によって権限は共有される（Bush, 2020：59）。同僚性は，1980〜90年代には「グッドプラクティスの公式モデル」とされ，最も適切な学校運営方法と考えられた（Wallace, 1989：182）。Brundrett（1998：305）によれば，「同僚性は，教師による他の教師との協議・協働とおおよそ定義できる」と言う。

　同僚的リーダーシップモデルは極めて規範的である。「調和」が望ましいとするアプローチだが，学校で同僚的な構造やプロセスに対する根拠は限定的で，実践的な裏づけに乏しい。同僚的モデルは，学校など，専門スタッフが相当数いる組織に特にふさわしいとされる。教師は，その知識や技能に直接由来する権限を有している。つまり，校長の地位的な権限とは対照的な「専門性という権限」を持っている。同僚的リーダーシップでは，専門家たるプロフェッショナルが幅広い意思決定プロセスを分かち合う。共有された意思決定は多くの情報に基づく判断を可能にし，決定事項が効果的に実行される可能性も高める。同僚的モデルはまた，組織の構成員が持つ共通の価値観を前提にしている。この共通の価値観が組織の管理活動の指針となり，共有された目標につながると考えられる。Brundrett（1998：308）は，同僚的意思決定の基礎として「共通のビジョン」の重要性を説いている。

専門職の学習共同体

　専門職の学習共同体（Professional Learning Communities, PLC）は，同僚的リーダーシップの一つの発現形態と考えられる。Kruse and Johnson（2017：589）によると，PLC は「学校の教員組織の最も顕著な特徴の一つとして根づいている」という。Zheng, Yin and Li（2018）は「効果的な PLC」の５つの構成要素を明らかにしている。それは，共通の価値観と目標，協働的活動，児童生徒の学習への焦点化，個々の実践の共有，省察的対話の５つであ

る。Gray, Kruse and Tarter（2016：876）によると、「PLCは教師のプロ意識、同僚への信頼、共同の意思決定への参加、および協働を促す」。これらは、より広範な同僚的モデルの特徴でもある。

PLCの概念や実践は西欧の文脈で発展したが、他の国々、とりわけアジアにおいての実在を示す証拠も増えつつある。中国の典型的なPLCは、教科をベースにした教育研究グループ教研組（jiaoyanzu）である。そこでは、教師が教育上の問題や生徒の学習を重視しながら協業する（Zheng et al, 2019）。しかし、Zhang, Yuan and Yu（2017：222）は「教育研究グループは教師が自発的に組織したものではなく、教育行政当局の命令の産物」であり、協働的活動が「過度に制度化」されてしまうと批判する。

シンガポールの学校のPLCを調べたHo, Ong and Tan（2019）も同様の問題を明らかにしている。PLCという西欧の概念を、階級的で権力格差が大きい文化へ移植する難しさが指摘される。彼らは、シンガポール教育省による「集権的」なPLC推進について報告している。そこでは「タイト」な手法と「ルース」な手法が使い分けられる。つまり、シンガポールの学校向けに学校レベルでPLCを推奨する際はタイトに臨むが、学校内の領域レベルではルースになる。学校に存在する階層的な指揮統制系統がPLC実現の妨げになりかねない、と彼らは言う。なぜなら教師は権限委譲を十分に受けていないと感じるからである。

PLCは、異なるコンテクストからの政策借用が抱える課題の重要な事例であり、それが文化的な適用につながっていく。PLC理論の規範的な前提とは対照的な、中国やシンガポールのPLCのトップダウン的性質は、強制的な改革が専門的な学習に対する教師の当事者意識（それはPLC活動を通じて体現される）と果たして整合するのかという疑問をもたらす。

参加型リーダーシップ

Hoyle and Wallace（2005：124）によると、参加とは「スタッフが組織の意思決定プロセスに関与する機会」を指す。Leithwood, Jantzi and Steinbach（1999：12）は、参加型リーダーシップの3つの原則を明らかにしている。
- 参加によって学校の教育効果が高まる。
- 民主主義の原則によって参加の正当性が確保されている。
- 正当なステークホルダーは誰でも参加型リーダーシップを利用できる。

Copland（2001）も同じように，参加型リーダーシップは校長の負担を軽減し，正式なリーダーが「超人」であるとの期待を回避するという。さらに Savery, Soutar and Dyson（1992：24）は「人々は自分が参加した決定事項のほうが承認・実行しやすい。その決定が自身の仕事に直結する場合はなおさらである」と述べている。

分配型リーダーシップ[(1)]

分配型リーダーシップは，21世紀において規範的に望ましいリーダーシップモデルとなった。Gronn（2010：70）は「学者や実践家は分配型リーダーシップという現象にますます注意を向けるようになっている」と述べる。加えて Harris（2010：55）は，「それは教育リーダーシップ分野で最も影響力のある考え方の１つ」だという。

Lumby（2019：10）によると，「分配型リーダーシップに明確な定義はない」。そして，その「独自のセールスポイント」は「新しい自発的リーダーシップ」となる可能性だという（ibid）。さらに Hairon and Goh（2015）は，分配型リーダーシップの構成は捉えどころがないと述べる。Tian et al（2016）によるシステマティックレビューの結果でも，やはり明確な定義はないと結論づけられている。しかし Yokota（2020：190）はそれを「単独のリーダーという考え方から明確に離れ，リーダーシップの分配を促そうとする，関係者間の相互作用を主な特徴とするリーダーシップ」と定義する。

この現象を理解するための重要な起点は，それを地位的な権限から切り離すことである。Harris（2004：13）が示すように，「分配型リーダーシップは，組織内にある専門知識をもれなく活用することに重点を置くが，形式的な地位や役割だけを通じてこれを目指そうとはしない」。Crawford（2012：611）は，分配型リーダーシップへの関心は，一人の活動としてのリーダーシップから離れようとする，より幅広い考え方の一環であるという。Gumus et al（2018：31）はさらに，分配型リーダーシップは，シェアド・リーダーシップや協働型リーダシップ（collaborative leadership），委任型リーダーシップ（delegate leadership），分散型リーダーシップ（dispresed leadership）と同義で用いられることが多いという。

Gronn（2010：70）は，分配型リーダーシップが必然的に校長の役割範囲の

教育リーダーシップ理論

減少を意味するとの見方に対して警鐘を鳴らす。実際，Hartley（2010：271）は「その人気は実利的なものかもしれない。つまり働きすぎの校長の負担を軽減するのだ」という。Lumby（2009：320）はさらに，分配型リーダーシップとはいっても「学校スタッフのリーダーシップが，個人の英雄的なリーダーシップが何よりも注目された時代と必ずしも変わるわけではない」という。

　分配型リーダーシップへの関心や支持は，それが単独のリーダーシップでは生じない効果を引き起こすとの前提に基づいている。学校リーダーシップの影響に関する Leithwood et al（2006）の重要な研究は，成功した学校リーダーシップをめぐる「7つの強い主張」を明らかにした。そのうち2つは分配型リーダーシップと関連がある。Leithwood et al（2006：12）はまた，マルチプルリーダーシップ（multiple leadership）の方がソロリーダーシップよりもずっと効果的であることを示す。

　　　トータル・リーダーシップ（total leadership）は，すべての学校の生徒の学業成績について27％もの分散を説明した。これは校長個人の影響に関する研究で一般的に報告される数値よりもかなり（2〜3倍）高い。

「トータル・リーダーシップ」は必ずしも分配型と一致しないが，Leithwood et al（2006：13）は，生徒の成績が最も高いレベルの学校は，すべてのリーダーシップ源から比較的高いレベルの影響を受けていたとも述べる。Hallinger and Heck（2010：670）も，分配型リーダーシップが学力の変化と大きく関係し，よって生徒の学習における成長とも関係が深いことを示している。

割り当てによる分配

　前述のように，分配型リーダーシップは西欧の文献では自然発生的に立ち現れる現象として概念化されている（Bennett et al, 2003; Harris, 2013; Tian et al, 2016）。しかし，集権的なコンテクストでこのモデルが支持されると，異なる分配のあり方につながってしまう。つまり，校長が委任としばしば区別できない方法でタスクや責任を割り当てるということである。

　Bush and Ng（2019）は，マレーシアの二つの州，セランゴール州とサラワク州の14の学校で，分配の度合いやその性質を調べた。分配型リーダーシップは同国の主要改革文書である「マレーシア高等教育計画（The Malaysia Education Blueprint）」で大きく取り上げられている。同計画は，分配を2つの

方法でヒエラルキーと結びつけている。第一に，組織構造の中で正式な役割を担うミドルと上位リーダーに重点が置かれる。第二に，分配の範囲は限定的にしている。つまり，リーダー自身が，「彼らに与えられた」意思決定の柔軟性をフル活用する，ということである（MEB：E28）（強調は筆者）。

　分配に対する高等教育計画の慎重な見方は，割り当てられた分配型リーダーシップという考え方に合致する（Bolden et al, 2009）。つまり，分配型リーダーシップ理論の自由な前提と，ヒエラルキーの厳格な要求とが折り合うのは容易ではなさそうだということである。マレーシアの学校を調べてわかるのは，分配型リーダーシップは委任とほぼ区別がつかないということである。なぜなら，主導権を握るのはあくまでも校長であり，校長への報告義務も厳しいためである（Bush and Ng, 2019）。

　Hairon and Goh（2015）はシンガポールの分配型リーダーシップについて調べたのをきっかけに，「バウンデッド・エンパワーメント（bounded empowerment）（限定的な権限移譲）」という関連概念について論じている。「シンガポールにおけるエンパワーメントが示唆するのは，意思決定のコントロールを手放す必要があるとしても，それは一定の注釈付きでしかないということだ」（ibid：707）。同様にYokota（2020：187）は，学校階層の中で校長が中心を占めることを認識した上で，「日本は分配型リーダーシップに対するアプローチを修正し，いわば委任に近い手法を導入した」と述べる。これらの研究は，かつて委任と表現された行為を正当化するために分配という言葉が用いられたことを示し，このリーダーシップモデルに対する数多くの批判の原因となっている。

分配型リーダーシップに対する批判

　分配型リーダーシップへの関心や支持は少なくない一方で，このモデルには批判も多い。Tian et al（2016）のメタ分析には「分配型リーダーシップという概念への疑問」というセクションが含まれる。この批判にはマイクロポリティクスと関係する側面があり，Johnson（2004）は，分配型リーダーシップはトップダウン型管理を合理化するためのマイクロポリティカルな戦略としてカムフラージュされる可能性があると注意を促す。同様にLumby（2013）は，分配型リーダーシップは「権力の使用や乱用に満ちた」政治的現象であると主張する。

Lumby（2019：11）は，前出の「割り当てによる分配」をめぐる議論にもつながる批判を展開する。「そこで起きていることは，官僚制の中の公式・非公式の委任に近いものだ」という。そして彼女は「分配型リーダーシップが研究された場所でさえ階層性が根強く維持されている事実は，それはつまり，少なくとも官僚制の各要素がリーダーシップに対するほぼ普遍的なアプローチだということを示している」と結論づけている（ibid：14）。

教師リーダーシップ

教師リーダーシップと分配型リーダーシップの間には明確なつながりがある。Grant（2006）は南アフリカの学校での研究に基づいて，4つのパートから成る教師リーダーシップモデルを提示する。

- 教室内でのリーダーシップ
- 教室の枠を越えた，他の教師とのリーダーシップ
- 学校全体の発展のためのリーダーシップ
- 学校の枠を越えた，地域社会でのリーダーシップ

Grant（2006：523）はさらに，教師リーダーシップには3つの前提条件があるという。まず，参加型の意思決定やビジョンの共有を伴う，協力的な文化が必要である。第二に，協力的な文化の醸成を助けるための価値観が必要である。第三に，校長をはじめとする管理職チームが分配型リーダーシップの手法を奨励しなければならない。Lai and Cheung（2015）は，香港のカリキュラム改革を背景にした教師リーダーシップについて調べた結果，同リーダーシップには「参加」「学習」「影響」という3つの要素があり，そのすべてが教師エージェンシーと幹部からの支援の両方を必要とするという。

Stevenson（2012）によると，教師リーダーシップの解釈は管理主義的な性格を持ち，本質的に保守的である。Helterbran（2008：363）は，教師リーダーシップは「今なお大部分が学術的なトピックであり，かなり根づいているにもかかわらず，現実というよりはやはり概念である」という。

教師リーダーシップの促進は，中央集権的なコンテクストでは特に難しい。例えば，教育省が教師リーダーシップを教室に限定しているエジプト（Emira, 2010）や，教育制度が「トップダウン」であるイラン（Aliakbari and Sade-ghi, 2014）がそれに当たる。しかし，マレーシアとフィリピンで教師リーダー

としてのマスターティーチャーについて調べた Bush, Ng, Glover and Romero（2016）によると，マスターティーチャーは Grant（2006）モデルの4つのレベルすべてで活動できたという。

教育的リーダーシップ

筆者は先に，教育的リーダーシップは**表1**に示すようなソロ／シェアドの区別にはなじまないと述べた。なぜなら，それが主に焦点を当てるのはリーダーシップのスタイルではなく，影響の方向（指導と学習）だからである（Bush and Glover, 2014）。このセクションでは，教育的リーダーシップの主な特徴を概説する。

教育機関の中核的な活動として指導と学習の管理が重視されるようになってきた結果，教育的リーダーシップが重要視され，支持を集めている。Hallinger and Lee（2014：6）は「学校における指導と学習の改善には，校長による教育的リーダーシップが不可欠だとする国際的研究が増えつつある」と述べる。教育的リーダーシップの中核を成す側面は，モニタリング（授業観察を含む），モデリング，優れた授業実践の実証，メンタリングであり，それらを通じて職能開発ニーズに対応する。Yokota（2020：190）はそれを「教師が指導を改善し，生徒が学習を強化することができる校内環境づくりを明示的に目指すリーダーシップ」と定義する。Chen et al（2017）は，日本では，教育的リーダーシップに対するチームアプローチが教師のプロ意識を高めることにつながっていると述べる。

教育的リーダーシップは，長い間注目されているにもかかわらず，2つの理由で批判されてきた。第一に，それは学習よりも指導を優先すると考えられていることである（Bush, 2013）。第二の批判は，「専門性や権力，権限の中心としての校長に焦点をあてすぎてきた」というものである（Hallinger 2003：330）。その結果，副校長，中間管理層，管理職チーム，学級担任など，他のリーダーの役割が無視あるいは軽視されやすくなってしまう。Lambert（2002：37）は「教育的リーダーは一人だけという時代は終わった。他の教育者の実質的な参加がないまま，一人の管理者が学校全体の教育的リーダーの役割を果たせるとはもはや考えられない」という。出版されている研究のメタ分析を行った Robinson et al（2008）によると，「リーダーが指導と学習という本来の業務に近ければ近いほど，児童生徒に変化をもたらす可能性が高くな

る」という。

　教育的リーダーシップが近年重視されるのは，分権的または部分的に分権的なコンテクストにおける実践に基づくところが大きい。そのようなコンテクストでは，校長に学校運営の仕方を決める裁量余地がかなりの部分ある（Bush and Glover, 2014）。しかし一方で，集権的なシステムの政府が教育的リーダーシップを推進して，失望していることも研究で示されている（Bush et al, 2018 in Malaysia; Gumus and Akcaoglu, 2013 in Turkey; Hallinger and Lee, 2014 in Thailand; and Kaparou and Bush, 2015 in Greece など）。それは，校長が従来の管理的手法をやめようとしないからである（Bush, 2019）。

状況適合型リーダーシップ

　ここまでに検討したリーダーシップモデルは，どれも不完全である。それらが提供してきたのは，リーダーシップの有効かつ有益な知見のある一つの側面であった。多くの場合，それらは規範的で，賛同者から強力な支持を得ることも多い。だが，教育的リーダーシップ，変革型リーダーシップ，分配型リーダーシップなどは，さまざまな時期や文脈に応じて提唱されてきたにもかかわらず，どれか一つのモデルだけであらゆる状況や問題に対応できるわけはない（Bush, 2020）。

　状況適合型モデル（contingent model）は，学校のコンテクストの多様性や，リーダーシップスタイルを状況に適応させるメリットを認識した上で，「すべてに当てはまる」方法を採用するのとは別の代替的アプローチを提供する。「このアプローチは，その組織ならではの状況や問題へのリーダーの対応の仕方が重要だということを前提にしている。…リーダーシップのコンテクストはさまざまあり，効果を生もうとするなら，コンテクストによって異なるリーダーシップ対応が必要である」（Leithwood et al, 1999：15）。

　Yukl（2002：234）はさらに次のようにいう。「管理的職務は複雑で予測がつかないため，標準化された対応に頼ることはできない。有能なリーダーは絶えず状況を読み，行動をどう適応させていくかを考えている」。ニュージーランドの校長などを調査したNotman（2017）は，リーダーシップ手法を決める上でのコンテクストの重要性を示している。彼の事例研究に登場する校長は「自身の学校が置かれた状況の内外の要求や課題に対して極めて敏感に応答していた」（ibid：768）。彼は最後に，柔軟性に欠ける単一のモデルではなく，

学校の状況に応じた状況適合型ないし「適応型」のリーダーシップが必要であると強調する。

　リーダーシップを発揮するには，問題を効果的に診断してから，その問題ないし状況に最もふさわしい対応を選ぶ必要がある。こうした応答的アプローチは，事態が混乱しているときにとりわけ重要である。その場合，リーダーは標準的なリーダーシップモデルに依存するのではなく，状況を注意深く評価し，必要に応じて対処することができなければならない（Bush, 2020）。

結論：教育リーダーシップ理論の未来

　21世紀にリーダーシップへの関心が急激に高まったのは，それが学校改善を推し進めるに当たって中心的役割を果たすことが認識されたからである。これは，持続可能な開発目標の目標4（質の高い教育をみんなに）ともリンクしている。Leithwood et al（2006）の研究によると，リーダーシップは学校の生徒の成績について4分の1以上の分散を説明しているという。この分析結果に触発された多くの政府は，政策改革を進める際にリーダーシップを前面に押し出すようになった。現役および次世代の校長に対する専門的な訓練や研修など，リーダーシップに備える取り組みも目立つようになってきている。

　この現象をきっかけに，学校を率い・管理する「最善策」を検討し，政策や実践に反映しようとする動きが始まった。だが，こうして「聖杯」を探す作業は成功していない。研究者や政策立案者，実践家がさまざまなモデルを強力に支持していたとしても，それぞれのモデル単独では，学校管理職が直面する問題や事案のすべてには対処できないからだ。ただそれでも，我々は一定のトレンドを知り，そこから優れたリーダーシップの手がかりを得ることはできる。

　第一に，「英雄的」なソロ・リーダーシップの限界がだんだん明らかになっている。校長はとにかく忙しすぎるため，サポートを受けること無くして，すべての責任を全うすることはできない。そこで，集団的リーダーシップ（collective leadership）を可能にするため，管理職チームが多くの国で導入された。加えて，学校などの専門職組織では専門知識が広く共有されることを我々は知っている。部門長をはじめとするミドルリーダーの専門的リーダーシップにおいて，カリキュラムの個々の部分について特定の知識を有していることは最もはっきりしている。「これらすべての人材」を活用すれば，リーダーシップの密度が高まり，もっと幅広い問題や課題に対応できる。よって分配型リー

ダーシップや教師リーダーシップにフォーカスすべきとも思われるが，それら
を万能薬と考えてはならない。教育的リーダーシップも重要である。それは教
授法とつながっており，生徒の学習を明らかに重視しているからだ。生徒の成
績の国際比較などに象徴されるグローバル化により，政策立案者は学校改善を
どう進めるのが一番良いかを考えるようになる。ただし，そうするとカリキュ
ラムの幅が狭まり，測定が容易なものしか重視されなくなるおそれがある。

　第二に，新型コロナウイルス感染症の流行を契機に，教育の目的をめぐる影
響力の強い問いかけがなされるようになった。OECD 生徒の学習到達度調査
（PISA）などの国際比較データにも触発されて，多くの政府が生徒の学習成果
を高めようと躍起になり，国語，数学，科学などの主要科目を中心とした標準
化テストの結果に重きを置き始めた。それがカリキュラムの縮小を招き，ドラ
マや音楽，スポーツなどは軽視された。新型コロナは子どもの福祉問題も悪化
させた。その代表例がメンタルヘルス事案の増加で，極端な場合は子どもが自
ら命を絶ってしまう。学問と福祉のバランスが求められており，教育的リー
ダーシップへのフォーカスも修正を迫られるかもしれない。

　第三のトレンドは，リーダーシップ理論の適用に際してコンテクストの重要
性が認識されるようになってきたことである。有能なリーダーは，状況分析に
時間を割く。学校の生徒や教職員を評価し，さまざまなステークホルダーと協
力し，各ステークホルダーグループの優先事項を理解する。これは微妙なニュ
アンスを踏まえたリーダーシップ手法につながる。全員が協働して築き上げる
べき学校のビジョンを見失わないようにしながら，個人やグループに応じて多
様なスタイルが採用される。コンテクストの中でも重要なのは，教育制度がど
の程度集権化されているかである。これは何十年もかけて培われ，深く根づい
た，国の文化的価値観に支えられていることが多い。それは学校を含む社会の
あらゆる側面に影響を及ぼしている。そうした文化的規範が必然的に意味する
のは，他の教育制度からの政策借用には慎重にならなければならないというこ
とである。まったく異なる状況で効果を挙げたと思われるアイデアを検討する
に当たっては，「採用ではなく適応」を合言葉にしなければならない。

　理論は，研究，政策および実践と相互作用するなかで絶えず進化する。新型
コロナのパンデミックの間とその後にもたらされた課題によって，児童生徒や
スタッフの福祉の重要性が高まったが，その重要性を認識した上できめ細かに
適用するならば，変革型，分配型および教育的アプローチの組み合わせが適切

かもしれない。

　本稿の分析は，日本での教員養成に関して主に 2 つの含意がある。第一に，取り上げた各モデルは，専門家，とりわけ教室での授業だけにとどまらない自身の役割を思い描ける教師の継続的な育成のための起点となる。Hoyle（1982）は，制限的な（restricted）プロフェッショナルと拡張的な（extended）プロフェッショナルを区別する。後者のグループは単なるクラス担任教師だけではない全校的な役割を担うが，この後者の側面を過小評価してはならない。同様に，前述のように，Grant（2006）は教室での実践を教師リーダーシップの 4 つの側面の一つにすぎないと述べる。各リーダーシップモデルは教師リーダーの指針となり，「どのようにリードするか」という重要な問題に答えるものとなる。

　第二に，本稿の分析は，校長を含む上位とミドルリーダー向けの具体的なリーダーシップ開発の必要性を指摘する。そうした機会があれば，学校でのリーダー職を志す，または現在その地位に就いているプロフェッショナルの技能，知識，能力の改善に役立つであろう。成功を収めているアジアの国や地域，中でも中国，香港，マレーシア，シンガポールは，リーダーシップ開発プログラムを確実に立ち上げ，トレーニングを受けた校長を次々と世に送り出している。政策立案者は，これが日本に有効かどうかを検討するべきなのではないだろうか。

［訳注］
⑴　distributed leadership は「分散型リーダーシップ」と訳されることが一般的であるが，distributed は，「一般には誰かが意思的に分配すること」を指し，後述の dispersed は，「何かが自然に分散していく，または何かの原因で分散されたこと」を指す（Oxford Adcanced Leaner's Dictionary 6hh ed, 2003）ので，本論では，distributed leadership を「分配型リーダーシップ」，dispersed leadership を「分散型リーダーシップ」と区分して翻訳する。

※引用文献一覧については，英文を参照されたい。

教育専門職としての教職と校長職の質保証に向けて
—「学識ある専門職」の実現へ—

筑波大学　浜　田　博　文

1　本稿の意図と課題

　今，学校教育は多くの課題に直面し，教職の諸改革は政策の重要課題となっている（浜田 2023）。教職に関する政策は常に質的保証と量的確保という両立困難な課題に対峙し苦心してきたが，最近の政策議論は教職への参入障壁の引下げに積極性を示しているところに特徴がある。他方，長年積み上げられた教職に関する学術的議論や知見を軽視しているのではないかという疑問を拭えない。この問題を考える際の鍵概念が，教職の「専門性」と「専門職性」[1]である。本稿は，これらの概念に関わるこれまでの政策展開と研究的議論および現実動向を教育専門職組織としての学校という視座から捉え直し，これからの研究的な課題について論じる。

　ここで敢えて「教育専門職組織としての学校」という視座を打ち出すのは，主に次の3つの理由による。第一は，1970年代までの教職改革で前提とされていた教職の専門職性への認識が近年希薄化し，教育専門職組織としての学校組織という捉え方が後退していることである。第二は，「学校の自主性・自律性確立」を標榜する1990年代末以降の政策と議論は学校組織と校長職に注目してきたものの，民間企業組織に関心を注ぐ傾向が顕著であることである。そして第三に，それらの動向は，学校・教職・校長職（学校管理職）の固有の特徴を軽視し，教職および校長職の「専門性」の向上と「専門職性」の確立を阻む要因と考えられることである。こうした問題意識に基づき，本稿は校長職を教職と同一の教育専門職系統に定位する視座から戦後改革期に遡って教職像の展開過程を捉え直すことを試みる。具体的には次の順序で稿を進めていく。

第一に，「大学における教員養成」「開放制」を理念とする戦後教員養成制度の出発と，その後における「学識ある専門職」の追求の跡を確かめる。第二に，1970年代以降の研究と政策の動向を振り返り，教員養成政策における「実践的指導力」重視への転回と「学び続ける教員」像がはらむ問題について考察する。第三に，近年のガバナンス改革のもとでの教職の専門職性の揺らぎ，および教員の職能発達に関する研究知見を踏まえ，政策が教職固有の特徴に逆行していることについて考察する。第四に，「民間」優越／「教職」劣等という僻見が優勢な状況において本学会が「校長の専門職基準」を策定した意義を検討する。最後に，教職の専門性と校長職の専門性を「教育専門職」という統一系統に定位することの意義とそのための論点を提示する。

2　「専門職としての教職」の追求と葛藤

(1)　理念型としての「学識ある専門職（learned profession）」

　現代日本の教員養成制度は戦後教育改革期に導出された「大学における教員養成」と「開放制」という二大原則に依拠して構築された。ただし，「教職の専門性」保証は教育職員免許法（1949年，以下「免許法」）と教職課程認定制度（1953年）という国家的統制の付加によって実体化された。

　二大原則の導出過程は"難産"であった。教育刷新委員会では様々な対立を経て「大学において教員養成を行うという原則」が合意された。ただし，「開放制」の言葉は明確に用いられたわけではなく，「教員養成のみを目的とする教育機関の否定と教員養成を主とする学芸大学の創設」について合意をみたのだった（山田 1993：47頁）[2]。委員の間の明確な共通認識は，「戦前との断絶，戦後の新たな出発を強調する」こと（竺沙 2001：409頁）にあり，「開放制」と「学芸大学」には，「『教員養成に積極的にならない大学』でこそ，従来とは異なる新たな『質』を具えた教員を養成できるという，きわめて逆説的な教員養成制度構想」が内在した（浜田 2001：90頁）。

　以上から，出発時点では教職の専門性について明確な合意があったとは言えない。ただし，義務教育である小学校・中学校の教員養成を大学で行うことが了解された背景に，学問（学術）的な教養を「教職の専門性」のベースとして保障すべきだという認識があったことは間違いない。

　岩田（2022）は戦前から戦後における制度展開等を分析して，教育刷新委員会等における改革論では「いわゆる師範教育批判―『師範タイプ』と俗称され

る視野の狭い教員の資質に対する批判―が強く，高等教育機関を再編する中で教養教育を充実させるべきという方向で議論が展開された」（59頁）と指摘している。「学芸大学」構想はその象徴だった。そこには「幅広い教養教育（リベラル・アーツ）に基づく学士課程教育」がまずもって必要という主張が込められていた。だが，その合意形成過程の議論は小学校教員と中学校教員の専門性の差異に無自覚だった。そのため，教職の専門性の具体的な掘り下げは先送りされてしまった（浜田 2001：90-91頁）。

　そうしたなかで，当時の文部省教職員養成課長だった玖村敏雄が免許法と同施行法の草案作成に関与した立場から，「私独自のもの」とことわりながら記述した「立法の精神」には示唆深い内容が数多く含まれている（玖村 1949：6-23頁）。とくに「専門職制の確立」の項の次の記述は，「教職の専門職」化への明確な自覚と，そのためにいかなる「教職の専門性」を描いていたかを示している。教職を医師に匹敵する「専門職」として確立すること，「教育に関係ある学問」の十分な発達によってその「専門性」の内実を構築することが目指されていたのである（11-12頁）[3]。

　　教育という事業は生成途上にある人間の直接的な育成であって，単に知識技能を授ける作用であると簡単にいってしまうことは出来ない。人生の理想，教育の目的及び原理，教育の制度，学校の管理，教育課程の編成，教育指導方法等を哲学，社会学，心理学，法律学，歴史学其の他の学問的基礎に立って検討し明確な見地に立って事を処する必要がある。単に教育の対象である児童青年の生長と発達，その身体的心理的社会的発達について十分な理解をもち，常に全体としての人生の中に全体としての人間の育成を計画し，援助と指導を与えなければならない。……教育という仕事のために教育に関係ある学問が十分に発達し，この学問的基礎に立って人間の育成という重要な仕事にたずさわる専門職がなければならない。人命が尊いから医師の職が専門職になって来た。人間の育成ということもそれに劣らず尊い仕事であるから教員も専門職にならねばならない。

　1966年に ILO-UNESCO 共同の『教員の地位に関する勧告』[4]が「教職は専門職と認められるものとする（Teaching should be regarded as a profession）」と記したことに象徴されるとおり，1960年代〜1970年代は「教師専門職化」論が活発化した。そこでは，医師や法律家が「専門職」の規範型とされ，「専門職」とは"learned profession"つまり「学識ある専門職」であり，大

学で一定期間をかけて修得する専門の学問的知識が「専門性」の中核を成すと考えられた（竹内 1972：76頁）。専門性，自律性，公共性など，様々な観点で他職と比較すると教職の現実は「準専門職」とみなされたが，「専門職であるべきだ」という規範は，今日に至るまで理念とされ続けている。

(2) 質保証をめぐる二大原則の葛藤と専門職化の追求

　教員需給関係の変動に苦慮しながらも（浜田 2002：38-41頁），「学識ある専門職」を強く意識した「専門職」化と，学問に裏打ちされた「教職の専門性」の構築が志向された。但し，国の政策は教員の質保証の実態を憂慮して「大学における教員養成」と「開放制」への規制を強化した。

　1951年の政令改正諮問委員会答申は，大学を2年又は3年制の専修大学と4年制の普通大学に分け，教員養成を主とする教育専修大学を設置して「格下げ」する案を提示した（土屋 2017：260頁）。その後，「大学における教員養成」は維持されながらも，教職課程認定制度が導入され（1953年），国家統制に依拠して質保証を行う制度となった（浜田 2024）。そのようななかでも，1958年の中教審答申「教員養成制度の改善方策について」は「開放制」の問題とそれに伴う教員の質保証の課題状況について次のように記している。

> 　開放的制度に*由来する免許基準の低下*と，制定当時の教員需給の関係等による級別免許状制度の採用とにより，単に資格を得るために*最低限度の所要単位を形式的に修得する*という傾向が著しく，このため*教育実習等教員に必要な教育が名目的に行われる*場合も少なくない。その結果教員たらんとする者に対してもその*職能意識はもとより教員に必要な学力，指導力すら十分に育成され得ない実情にある*。（下線は筆者）

　同答申は二大原則の維持を強く意識しつつも，小学校・中学校と高校の教員の資質能力とその育成方法を区別して検討すべきことの他，二大原則の是非や解釈の問い直しにつながる次の諸点も提起していた。

- 「教員養成を目的とする大学」を明確にすること。
- 教員養成の目的に即したカリキュラムを編成すること。
- 養成すべき教員の数について計画すること。
- 教員養成カリキュラムは一般教育，専門教育，教職教育の有機的な結合と考えること。
- 教育実習を重視すること。

　以上のことは，戦前・戦中の制度の否定から出発した戦後教員養成において，理念的色彩を濃厚にしていた「大学における教員養成」と「開放制」が，「教職の専門性」の内実とそれを保証する教育（内容と方法）の点で核になり得ていなかった事実を露わにした。それだけに，教員養成に携わる大学関係者は「大学における教員養成」を実質化するため，独自に「専門性」の構築に向けて動くことに迫られた。例えば日本教育大学協会は，1958年中教審答申の審議と並行して教員養成カリキュラムの検討を進め，答申後の9月に『教員養成大学学部のカリキュラム試案』を策定した。それは，日本の戦後教育において初めて，教員養成を目的とするカリキュラムのあり方を提示したものだった（浜田 2002：47頁）。先掲の玖村の言葉を借りるなら，「学問的基礎に立って検討し明確な見地に立って事を処する」ために，「教育に関係ある学問」の「学問的基礎」に立って「学識ある専門職」を確立しようとする組織的な取り組みがようやく本格化した。ただし，国立学芸大学・学部の名称変更や免許基準の改正など，国家的統制の強化も同時進行していった。

3　「学問」的教養を不問とする「実践的指導力」への転回

　戦後の教員養成は，二大原則を理念的な土台とし教員需給関係の変動のもとで「教職の専門性」の質保証を模索し問い続ける過程だった。他方で，大学の2年課程[5]が解消されて4年制の教員養成が定着した後の1970年代～1980年代，政策的関心は現職研修の整備に向けられた。都道府県等による現職研修の体系化，初任者研修の制度化（1989年）など，教員の養成・採用・研修の過程全体を視野に収めた職能成長，職能発達，力量形成が政策と研究の議論で関心を集めた（岸本・久高 1986，現代教職研究会 1989，牧 1982等）。

　だが教職の専門職性の追求という視点で捉えると，この間の政策には見過ごせない変質が伏在した。それは，大学における「学問研究」からの離脱ともいえる「実践的指導力」への傾倒である。分岐点は1980年代後半にあったとみられる。それ以前は，「中心課題である『教師の専門性』に関する議論よりも，そこから派生する種々の研究に力点が置かれ」（姫野 2013：96頁），教員が具備すべき専門的知識・技能・性向等の内容について明確な議論はされていなかった。そうしたなかで，臨教審（1984年～1987年）の教育改革議論が高い関心を集めた背景には登校拒否，いじめ，校内暴力などの生徒指導上の課題の深

刻化と「問題教師」等の言葉に象徴される教員不信の広がりがあった。

　臨教審第四次答申の後，1987年の教育職員養成審議会答申は「教員については，教育者としての使命感，人間の成長・発達についての深い理解，幼児・児童・生徒に対する教育的愛情，教科等に関する専門的知識，広く豊かな教養，そしてこれらを基盤とした実践的指導力が必要である。」と記した。教員が教育実践に臨むために必要とされる要素を思い浮かぶ限り並べたような記述だが，それらが今の教員に必要だという主張には真っ向から抗い難い。他方で，このすべてを兼ね備えることなど，誰にもできそうにない。しかし「実践的指導力」は，以後現在まで，「教師に求められる資質能力の中核に置かれるように」なった（油布 2013：78頁）。

　ここで注目したいのは，その間の中教審答申等の政策文書における「教職の専門性」およびその育成方策についてのイメージの変化である。

　既述のように1958年の中教審答申は教員の質が向上しない要因として「開放制」を批判し国家統制強化を唱導した。他方で，「教師としての職業は，高い教養を必要とする専門職業」であるとし，「専門職業としての教員に要請される高い資質の育成のためには，教員の養成を大学において行うという方針を堅持する」必要性を明言した。また，教員養成改革を重要課題の一つとしていた1971年の「四六答申」は，「教職は本来『専門職』でなければならないといわれる理由は，それがいわゆるプロフェッションの一つで」あるからだとした上で，「高度の学問的な修練を必要と」すると明記した。これらには，「学識ある専門職」への指向性と，教員志願者には大学での学問的な修練と教養が不可欠だという前提認識が残っている。

　それでは，間断なく繰り出される近年の政策文書はどうか。

　教職大学院の具体像を示した2006年の中教審答申「今後の教員養成・免許制度の在り方について」は，「高度専門職業人の養成に特化した専門職大学院制度を活用して，レベルの高い教員養成教育を行うことが必要である。」など，「高度専門職業人」という言葉を繰り返し用いている。その文脈は，従来の大学院制度では不分明だった研究者養成と高度専門職業人養成との機能区分の明確化であり，学生自身による学問的修練や教養とは異なる。他方，「学び続ける教員」像を提起した2012年の中教審答申「教職生活の全体を通じた教員の資質能力の総合的な向上方策について」では，「これからの教員養成は，学習科学，教科内容構成の研究の推進及びその成果の活用，経験知・暗黙知の一般化

による理論や方法の開発など，学校現場での実践につながる教育学研究の成果に基づき行う必要がある。」として教育学研究の在り方に変更を迫るニュアンスが強い。ここでは教育実践に即効性をもつ研究を大学の教育（学）研究に求めている。答申本文に頻出する「研究」という言葉の用例を確かめてみると，学生自身をアクターとする用例としては「教育研究」が 2 カ所あるにすぎない。それよりも，大学や大学教員（研究者教員，実務家教員）がより教育実践に傾斜した「研究」をすべきだとする用例（8 カ所）が目につく。

　これらの答申の関心は大学（院）での学生自身の学問的な修練や教養ではなく，修士レベルへの教員養成の格上げと，大学（院）教員による教育（学）研究の改革を迫ることに向いていた。教職の専門職化は専門性の自律的な更新を不可欠とするため，「学び続ける教員」像と親和的に見えるかもしれない。ここで問うべきことは，予測困難で容易には解決し難い多様な課題に向き合いながら専門職として自律的に学び続けるための基盤として何を保証すべきか，ということである。大学で特定の専門分野に限定されない幅広い教養を修得するとともに，自分自身の専門分野の学問を深く追究する経験こそがその核心だと筆者は考える。こうした視座に立つと，教員養成における「実践的指導力」の重視は，養成段階での学問的な修練や教養の後退を意味する。果たしてそのような養成教育によって，不確実性と不安定性にまみれた長い教職人生を支えるだけの土台を築くことはできるだろうか。教員養成に携わる大学院やその教員の研究を，教育学だけの，しかも学習科学や教科内容という限定された領域に閉じ込めようとする議論もあわせて，「学び続ける教員」を育てる基盤的条件をむしろ脆弱化させるのではないだろうか[6]。

4　ガバナンス改革下における教職の専門職性の揺らぎ

(1)　「新たな教師の学び」の背景にある教職像

　教員の長時間勤務とそれを生み出す勤務環境条件の改善が急務となっている。政府が推進してきた「働き方改革」施策は，労働者の勤務時間管理徹底や業務遂行効率の向上等に成果をあげてきた。ところが「学校における働き方改革」は思うように進まず，改革困難さが露呈された。教員採用試験の志願者は減少し「優秀な教員を選考すること」が困難となっている（浜田 2024）。

　教員不足問題にいち早く関心を向けて長期の取材を続けてきた朝日新聞記者

の氏岡真弓は，学校現場における非正規教員への依存体質の浸透を明らかにしている（氏岡 2023：4頁）。そこには，学校の教員を「代替可能な単純労働者」とみなす制度現実が明白である。人事担当者等にその自覚はないだろうが，正規雇用を最小限に絞り込み非正規雇用の教員に教育実践を依存する現実は，専門職化に逆行すると言わざるを得ない。これを「脱専門職化」の趨勢とみるなら，それは教職に限ったことではない（丸山 2006）。ここでは，ガバナンス改革に伴う教職の劣化という視座で捉えたい。

　既に別稿（浜田 2020：2-10頁）で論じたように，過去20年以上にわたるガバナンス改革は，教育行政・学校経営への多種多様なアクターの参画を促し「教職の専門性」を相対化した。学校経営における教員の位置づけは他アクターよりも相対的下位に置かれる傾向にある。「教職の専門性」よりも非「教職の専門性」が優位化され，公教育システムは「脱教職化」の趨勢にある。従来の公教育理論で自明視された「教職の専門性」は再定位を迫られている。

　その際，教職固有の性質に留意する必要がある。それは，職務遂行に不可欠な知識・技能等の体系がそもそも不明瞭で，それらの標準化は容易ではないということである。既成専門職の代表格である医師と教職を比較すると，「医師―医学」関係と「教師―教育学」関係は非対称である（浜田 2020：210-212頁）。例えば，医師の専門性を根拠づけるのは医学の学問的知識体系だが，教職の専門性は教育学の学問的知識のみでは規定できない。教員の多くは，実践者間で伝承される暗黙知や形式知によって自らの専門性が成り立っていると認識しているだろう[(7)]。教員が実践経験を通じて得た知識・技能等と，教育学の学問的知見とが絡み合ってこそ教職の専門性の内実は生成されうる。ただし，そうだとしても，教職の専門性は学問によって産出された知識体系だけを準拠基盤としているわけではない。

　それ故に教職の専門職性は画餅にすぎないと見る向きがあるかもしれない。しかし，1990年代以降，専門職の職務原理自体が大きく転回したことを想起しなければならない。「『科学技術の合理的適用（technical rationality）』を実践の原理とする「技術的熟達者（technological expert）」から『行為の中の省察（reflection in action）』を実践的認識論とする『反省的実践家』への移行」（佐藤 2015：70頁）である。教員と未成熟な児童生徒との間でなされる教授・学習過程は，不確実，不安定，文脈依存的である。よって教員に求められる専門性は，順を追って所定の知識・技能を獲得すれば次第に高まるという代物では

ない。多様な知識（暗黙知と形式知）[8]を駆使しながら現実に生起する問題を把握し，自分が対処すべき課題を自ら明確にして取り組み，問題を解決するという省察的実践（reflective practice）を積み重ねることによって，専門性は豊かさを増し，高まっていくと考えるべきである。

　ところが，2022年以降の「新たな教師の学び」を標榜する教員研修の改革は，こうした理解に立っているとは言い難い。2022年8月，「公立の小学校等の校長及び教員としての資質の向上に関する指標の策定に関する指針」の改正と「研修履歴を活用した対話に基づく受講奨励に関するガイドライン」の策定等[9]により，オンデマンド型のオンライン学習コンテンツの積極的活用が推進されることになった。教員の研修履歴管理や，所属教員との対話を通じて資質向上を促すこと等を校長等の責任とし，校長の育成指標を別に策定する施策が求められている。また，「研修の成果の確認方法」として「テストの実施やレポート・実践報告書の作成等により，当該の研修によって身に付いた知識・技能を確認したり，学んだ理論や得られた課題意識，他者との対話を手がかりに自らの実践内容を省察させたりすること」が推奨されている。

　以上の施策の背景にある職能発達観と専門職像は，前掲の「技術的熟達者」像に近い。「新たな」と銘打たれた研修の仕組みは，オンラインコンテンツを活用して最新の知識獲得に資するという意味で「新たな」ではある。だが，教員の職能発達は選択的変容型で文脈・状況依存的であり（山﨑 2002：356-363頁），実践的知識の発達は社会的相互作用を通じた変容的学習である（田中 2019：407-410頁）などの研究知見に照らすと，専門職としての教職固有の特徴に無頓着な旧態依然の職能発達観に立つものと言わざるを得ない。

(2)　学校経営改革の背景にある「民間経営」信仰

　1998年の中教審答申「今後の地方教育行政の在り方について」による「学校の自主性・自律性の確立」の提起と，2000年代に推進された分権化・規制緩和施策では，学校組織と学校管理職に改革の矛先が向けられた。学校や教育委員会への「組織マネジメントの発想」の導入，学校管理職への民間人登用，学校評価・職員会議の制度化など，多くの施策が実施された。「学校の自律性」論は「学校」を一定の独立性を有する単位組織とみなす前提に立つ。それは「学校経営」を独自の対象領域とする学校経営学自体の前提認識でもある。その論理構築は日本教育経営学会の草創と発展を担った研究者によって1960年代以降

に進められた。但し，1990年代までの議論は，「その『外堀』にある制度・行政的諸条件のあり方に強い関心を注ぎ，学校の制度的独立性をいかにして保障すべきかが焦点とされる傾向にあった」（浜田 2004：106頁）。

　それと並行する1960年代〜1980年代には，教職の専門職化を求める議論と，教員の現職研修の体系的整備につながる教員の職能成長・職能発達・力量形成に関する研究が活発化した。教育の質の決定要因として教員（教職という職業集団や教員個人の力量等）が注目されていたからである。対して，1990年代以降の政策・研究では，学校組織の有り様や学校管理職の役割に高い関心が注がれるようになった。ところが，そこで露呈したのは「民間経営」（民間企業等での組織運営）の信仰ともいうべき風潮だった。

　その典型的施策の一つが2000年の学校教育法施行規則改正による民間人の校長登用である。筆者は別稿で，「教育行政や学校経営に民間企業の組織マネジメントの発想や手法を取り入れることを推し進めようとするこのような施策は，非『教職の専門性』に重心を置いて公教育システムを転換しようとするもの」（浜田 2020：4頁）と指摘した。この施策には，学校組織のマネジメントにおける「民間」優越／「教職」劣等という暗黙の想定があった[10]。本来なら，教育専門組織である学校の組織・経営はどうあるべきかが問われるべきだった。しかし，制度改革は非教職の「民間経営」を信奉する単純な先入観に囚われていた。学校組織の特徴に即して，そのトップに位置する校長職の専門性を追究し，それを保証する手立てを検討するという方向へは進まなかった。

　ただし，本学会は2009年に「校長の専門職基準〔2009年版〕―求められる校長像とその力量」を作成し公表した[11]。そこでは「教育者としての校長像と管理者としての校長像の狭間で絶えず揺らぎや葛藤を抱えざるを得ない。」ことなどを踏まえた上で，「いま求められるべき校長像を『教育活動の組織化のリーダー』と捉えるべきだ」と記された。さらに，「教育者としての豊かな経験は極めて重要である。それに裏打ちされた，教育に対する確かな見識は，教育活動改善の基本的方向性を見定めるための基盤となるからである」と明記された（日本教育経営学会 2009：6-7頁）。教育専門組織におけるトップリーダーとしての校長職の専門性は，「経営」と「教育」を分離して後者を劣位に据える僻見に囚われるべきではない。教職の専門性を中核にして行われる教育活動の組織化をリードするという議論が必要である。

5　総括：教育専門職の質保証のために

　限られた紙幅にも関わらず，戦後教育改革期に遡って教職像，教員養成，教員研修の政策動向と学術的議論を振り返ってきた。その理由は，教職と校長職の在り方をめぐる近年の政策議論が，過去の学術的な議論や知見を軽視していると考えるからである。総括にかえて，教職と校長職を「教育専門職」に包摂し，その質保証を実現することを見据えて，これからの研究で重視されるべき視点，検討すべき論点を挙げて稿を閉じたい。

　第一は，教職あるいはその職能発達像を再考することである。過去二十余年，教職のみならず校長職のあり方に政策的関心が注がれるようになった。ところが，要素還元主義的な育成指標や個別の教員研修計画，校長と教員との個別的な「対話」による研修受講奨励といった断片への関心に留まっている。その前提には「単線右肩上がり」という基本的な職能発達像がみてとれる。体育教師の職能発達に関連して「越境経験による自己決定学習」の重要性を論じた朝倉（2016：312-325頁）によると，「越境経験」は教員に「自らの信念が形成されてきたプロセスと要因を問い続ける自己決定学習の経験」であり，「ゆらぐことのできる力」を形成・向上させる。よって「実践性」や「実践的であること」の過度の強調は，「教師の成長と学びの機会を限定することにもなりかねない」。このような視点を堅持しなければ，教員も校長も自律性を備えた専門職へ向けた職能発達は困難だといえよう。

　第二は，「実践的指導力」に囚われない「学び続ける教員」像の追求である。既述のように，専門職化と「学び続ける教員」像は一見親和性が高い。ところが，教員養成が「実践的指導力」に過度に傾倒すると，教職志願者の自律性や主体性の育成は抑制される。教育委員会による学生向けの「教師養成講座」の広がりや，「採用後即戦力となり得る教育実践力を養成する」[12]ことを掲げる自治体もある現実は，教員養成段階に「実践的指導力」の育成を求める観念の強さを示しているが，それ自体の妥当性を疑うべきである。広範な自律的判断を必要とする高度な専門職に，採用時点で「即戦力」を要求すべきではない。それよりも，入職初期段階の職能発達環境を整えるべきである。具体的には，教職員配置基準とその運用方法の改革である。初任者・非正規教員を経験ある正規教員と区別して配置基準と業務内容を見直す必要がある。

　第三は，本稿では敢えて言及しなかったが，現代学校の"揺らぎ"状況を踏

まえて職業としての教職のイメージを拡張する必要性である。「教育機会確保法」は制定された（2016年）が，不登校児童生徒の増大状況をみると，学校以外の居場所づくりに留まらず，あらゆる子どもに学習を保障しうる包摂的な「公教育」の再構築が必要になっている[13]。2015年の中教審答申「チームとしての学校の在り方と今後の改善方策について」を契機として，多様な専門性をもつ教員以外のスタッフの配置は拡充された。だが，それらの「専門家」は「スペシャリスト」であるのに対して教職は「ゼネラリスト」であり，教育に関係するマネジメントは「教職の専門性」に依拠するしかない（浜田 2020：32-33頁）。学校組織の多職種化はもちろん重要だが，同時に，専門性を保証した上での教員免許状取得ルートの多様化など，教職自体の内部に異質性・多様性を高める方策の検討が必要である。

　第四は，教職キャリアと校長職の相互連関を明確化することである。とくに校長職を教育専門職の系統に位置づけた上でその専門性を問い直し，その修得機会・ルートを多様な教員に保障する手立てを検討する必要がある。曽余田（2004）は小・中学校それぞれ1000校の校長および教務担当者に対する質問紙調査の結果に基づいて「校長としての力量と力量形成との関係」の全体図を描いている（250-251頁）。「教師の教職生涯を通じて経営的力量を形成する必要があるという立場」で描かれた図は，「テクニカル・スキル」「ヒューマン・スキル」「コンセプチュアル・スキル」の枠組み[14]と，専門性を修得・向上する「場」に焦点づけられており，今日においても重要な示唆を含む。校長職の専門性は，学校における教育実践経験と組織運営経験に埋め込まれた「テクニカル・スキル」と「ヒューマン・スキル」に加えて，教育専門組織である学校の経営を広く深く理解するための「コンセプチュアル・スキル」から成る。校長職は長期の教職キャリアの様々な機会を通じて次第にそれらを修得した段階に定位されるべきである。

　そして第五は，そうした校長職の専門性の形成過程における大学院の意味についてである。曽余田（2004：251頁）は「コンセプチュアル・スキル」修得の場を大学院に位置づけた。朝倉ほか（2023：62-63頁）による，大学院修了経験の有無が自校の課題に対する校長の認識の差異と関係するという指摘はこのことを考える上で示唆的である。校長の「課題認識」には「問題把握」と「課題形成」という二つの次元があり，指導主事や校長としての実践経験は「問題把握」の次元には有効なものの，「種々の問題を学校経営上の『課題』と

して整理する認識枠組みの獲得には必ずしも結びつかない」と推察できる。一方，「独自のデータ収集，既存情報の相対化，論理的思考」などの大学院経験には両次元が含まれると考えられる。これは前述した「学問的修練」の意義を裏打ちしている。教職を「学識ある専門職」として確立するためには，養成・現職段階のいずれかで大学院での学修機会を広く保障する必要がある。教育専門職系統に校長職を定位する文脈で考えると，その過程を通じて校長職の専門性の核心を保証することが可能になる。さらに，現職教員が学校のリーダーとしての役割を意識して大学院で学修する際には，「教育活動の組織化をリードする」ことを見据えて教育のマネジメントを学ぶ機会の保障が必要である。

[注]

(1) 前者は，教員が職務を遂行するために具備すべき専門的知識・技能・性向等，後者は，教職が専門職としてのどのような性質をどの程度具備しているかを意味する概念として用いる。

(2) 玖村（1949：17頁）は「これからの免許制度はきわめて開放的である」と記している。しかし，竺沙（2001）は，その後「開放制」という用語が制度論から内容論にわたって多種多様に用いられてきたことを明らかにし，「学術用語として確立したものになっていない」（409頁）としている。

(3) 旧漢字は新漢字で，旧仮名使いは新仮名使いで記した。

(4) 文部省による仮訳 https://www.mext.go.jp/unesco/009/1387153.htm ［2023年11月15日閲覧］

(5) 教員不足への応急措置として国立教員養成系大学・学部の小・中学校教員養成課程に置かれた。入学定員総数において，1949年度の4年課程は7,810人だったのに対し2年課程は14,925人であった。需給関係の不均衡解消とともに定員が変更されたが，4年課程の定員が2年課程を上回ったのは1955年で，2年課程は1962年度入学者まで続いた（文部省 1972：931-932頁）。

(6) 2022年の中教審答申「『令和の日本型学校教育』を担う教師の養成・採用・研修等の在り方について」以降における「新たな教師の学びの姿」を構築する動きでは，教員・管理職に共通してこのことがあてはまる。

(7) 教員自身が自覚していないとしても，教育実践場面で用いる知識・技能等が教育学の学問的知見を基盤にしている場合は少なくないと思われる。

(8) 教員が駆使している知識は「実践者コミュニティ」の中で産出・流通される「暗黙知」と「形式知」だと考えられるが，それらは「研究者コミュニティ」内でのそれらと相互連関していると考えることができる（浜田 2020：215頁）。

(9) https://www.mext.go.jp/a_menu/shotou/kyoin/mext_01933.html ［2023年11月26

日閲覧〕

⑽　「民間人校長」の中には校長として優れた手腕を発揮した例もあるが，そうでない例もある。「民間経営」の経験者であることが校長の専門性を保証するという認識を裏付ける根拠はないといえよう。

⑾　この作成は2004年頃に開始され，全国の校長会組織の関係者との協議などを経て2009年に公表された（http://jasea.jp/proposal/proposal2009/〔2023年11月23日閲覧〕）。2012年に一部改正が行われている（http://jasea.jp/proposal/proposal2012/）。

⑿　例えば，https://www.kyoto-be.ne.jp/kyoshoku/cms/?p=79〔2023年11月28日閲覧〕など。

⒀　小野（2022）はアメリカにおけるオルタナティブ・スクールの研究動向をレビューした上で，「すべての子どもたちの包摂を志向する公立学校システムを再構築する視点が必要となる」（76頁）と論じている。

⒁　Katz.R.L.（1955）が有効性をもつ管理職が備えるべきスキルの枠組みとして提示したもの。3つのスキルは相互に作用し合うが，テクニカル・スキルは低層組織の管理者，ヒューマン・スキルはすべての層の管理者，コンセプチュアル・スキルはトップ層の管理者にとって重要性が大きいとされる。

[引用文献一覧]

・朝倉雅史『体育教師の学びと成長―信念と経験の相互影響関係に関する実証的研究―』学文社，2016年。

・朝倉雅史・諏訪英広・髙野貴大・浜田博文「学校経営の分権化・自律化における校長のリーダーシップ発揮の実態とその支援条件―校長の課題認識の差異に着目して―」『日本教育経営学会紀要』第65号，2023年，53-70頁。

・今津孝次郎『新版変動社会と教師教育』名古屋大学出版会，2017年。

・岩田康之『「大学における教員養成」の日本的構造―『教育学部』をめぐる布置関係の展開―』学文社，2022年。

・氏岡真弓『先生が足りない』岩波書店，2023年。

・小野明日美「アメリカにおけるオルタナティブ・スクール研究の動向」『学校経営研究』第47巻，2022年，67-80頁。

・岸本幸次郎・久髙喜行編著『教師の力量形成』ぎょうせい，1986年。

・玖村敏雄編『教育職員免許法同法施行法解説　法律篇』学芸図書，1949年。

・現代教職研究会編『教師教育の連続性に関する研究』多賀出版，1989年。

・佐藤学『専門家として教師を育てる―教師教育改革のグランドデザイン』岩波書店，2015年。

・曽余田浩史「学校管理職養成における大学院教育の役割」，小島弘道編著『校長の資格・養成と大学院の役割』東信堂，2004年，247-258頁。

・竹内洋「準・専門職業としての教師」『ソシオロジ』第17巻 3 号，社会学研究会，1972年，72-102頁。
・田中里佳『教師の実践的知識の発達―変容的学習として分析する』学文社，2019年。
・竺沙知章「『開放制』概念の多義性とその限界」，TEES 研究会編『「大学における教員養成」の歴史的研究―戦後「教育学部」史研究―』学文社，2001年，405-410頁。
・土屋基規『戦後日本教員養成の歴史的研究』風間書房，2017年。
・東京学芸大学創立五十周年記念誌編集委員会編『東京学芸大学五十年史資料編』東京学芸大学創立五十周年記念事業後援会，1999年，112-115頁。
・日本教育経営学会『校長の専門職基準〔2009年版〕―求められる校長像とその力量』2009年。http://jasea.jp/wp-content/uploads/2016/12/2009_kijun.pdf［2023年11月27日閲覧］。
・浜田博文「教育刷新委員会における論議」，TEES 研究会編『「大学における教員養成」の歴史的研究―戦後『教育学部』史研究―』学文社，2001年，77-97頁。
・浜田博文「変動・模索期」日本教育大学協会50年史編集委員会編『日本教育大学協会50年のあゆみ―活動の記録―』日本教育大学協会，2002年，35-52頁。
・浜田博文「『学校の自律性』研究の現代的課題に関する一考察」『学校経営研究』第29巻，2004年，102-115頁。
・浜田博文「教員養成改革と教育学研究者養成」日本教師教育学会編『緊急出版　どうなる日本の教員養成』学文社，2017年，70-92頁。
・浜田博文編著『学校ガバナンス改革と危機に立つ「教職の専門性」』学文社，2020年。
・浜田博文「『令和の日本型学校教育』論議と日本教師教育学会」日本教師教育学会編『「令和の日本型」教育と教師―新たな教師の学びを考える』学文社，2023年，1-13頁。
・浜田博文（2024a）「教員一人あたりの持ちコマ数の削減を」広田照幸・中嶋哲彦編『教員の長時間労務問題をどうする？―研究者からの提案』世織書房，30-53頁。
・浜田博文（2024b）「大学における教員養成の未来」日本教師教育学会編『大学における教員養成の未来―「グランドデザイン」の提案―』学文社，107-117頁。
・姫野完治『学び続ける教師の養成―成長観の変容とライフヒストリー』大阪大学出版会，2013年。
・牧昌見編著『教員研修の総合的研究』ぎょうせい，1982年。
・丸山和昭「日本における教師の"脱専門職化"過程に関する一考察―80年代以降の教員政策の変容と教員集団の対応を中心に」『東北大学大学院教育学研究科研究年報』第55集第 1 号，2006年，181-196頁。
・三石初雄「教師教育政策の展開と教師教育の課題を探る―戦後教師教育学研究の動向にふれながら―」『日本教師教育学会年報』第24号，2015年，72-80頁。
・文部省『学制百年史』帝国地方行政学会，1972年。

・山﨑準二『教師のライフコース研究』創風社，2002年。

・山田昇『戦後日本教員養成史研究』風間書房，1993年。

・油布佐和子「教師教育改革の課題―『実践的指導力』養成の予想される帰結と大学の役割」『教育学研究』第80巻第4号，2013年，78-89頁。

・Katz. R.L.（1955）. Skills of an effective administrator: performance depends on fundamental skills rather than personality traits, *Harvard Business Review*, 52, pp.33-42.

Ensuring the Qualification of Teachers and Principals as Educational Professionals: Realizing a "Learned Profession"

Hirofumi Hamada (University of Tsukuba)

This paper reviews the policies, scholarly discussions, and actual trends regarding concepts of "professional knowledge and skills" and "professionalism" in teaching from the perspective of the school as an educational professional organization, and discusses issues for future research.

Since the postwar educational reform period, pre-service teacher education in Japan has been built on two principles: "university-based education" and "open system."During that time, the recognition of the teaching profession as a "learned profession" was shared. Since the late 1980s, a growing emphasis on "practical teaching skills" has changed the previous perception of teaching. With the view that teaching is a "highly specialized profession," Kyoshoku-daigakuin was founded in the 2000s. Additionally, an image of "teachers who continue to learn" was established by policy, and a new in-service training system is being developed to realize this image. Nowadays, teachers face many unpredictable and difficult-to-solve problems. For teachers to continue to learn in such circumstances, they must have a broad liberal arts education and then the experience to pursue academic specialties in depth. School governance reforms over the past two decades have paid considerable attention to school organization and principalship, but were trapped in the management methods of private sector organizations. The professionalization of principalship as the head of a professional educational organization was not pursued.

To encompass the teaching profession and the principalship in the "education profession" and to assure its quality, the following five issues are the subject of future research.

1. Reconsidering the teaching profession and its professional development.
2. Pursuing an image of "teachers who continue to learn" without focusing solely on practice.
3. Expanding the image of the teaching profession in consideration of various problems confronting school education.

4. Clarifying the linkage from teaching career to principalship.
5. Clarifying meaning of graduate school for expertise of principals.

ポスト・アカウンタビリティ時代の教員
資質能力向上
―総合性と専門性の混迷を超えて―

宮城教育大学　本 図 愛 実

1　はじめに

　国家形成において，教育とその質を決定する教員の養成が，極めて重要な事業ではあることは言を俟たない。しかしながら，今日，どのような公的組織でも当たり前に言われる，計画―実施―評価―改善という組織経営のながれが，国家事業である教育の政策過程において機能しているのか，疑問符がつく。教員に関する政策についてみれば，その典型例は介護等体験と教員免許更新制の改廃であり，これらが教員免許制度に追加される際に，達成すべき目的が不鮮明であったために，達成の度合を測定する評価と改善が行われてきたとはいいがたく，「タイミングに依存」（木全 1999）した政治的判断によって制度変更となった。政策過程としての教員の養成とは，「組織化された無秩序」であるごみ箱モデルそのものであるように思われる。

　それは本質的なものであり解消しようがないとみることもできようが，時代性があるとするなら解消の糸口をみいだせないわけではない。戦後の教育政策が生成・混乱の期を脱したことを示す象徴的な出来事として，「高校全入」問題の解消があった（文部科学省 1992）。15歳の子どもが社会的選別の対象に巻き込まれるという未整備は，教職への信頼などとも関わりながら，学校・教員制度の様々な部分に見えないゆがみと混迷をもたらした。70年代終わりには，私立学校の経常費補助を含む諸対応により，混乱は収束していったが，ごみ箱にはさらなる無秩序化要因が持ち込まれることになった。納税者への説明責任を求めるアカウンタビリティ論である[1]。アメリカカリフォルニア州の「納税者の反乱」[2]が起点とも目される，公費適用の可視化と是正を迫る動きは，

サッチャリズムやレーガノミクスなどの市場主義や新自由主義とあいまって，政策科学や経済学あるいは社会哲学など，学際性と公共善を飲み込んだ政策論としてのアカウンタビリティ論となり，英米国に吹き荒れた。

　それらは日本においては行政改革論の中に取り込まれていくこととなり，90年代終わりから2000年代にかけ，教育や教員に関する政策案が次々とごみ箱に投じられ，「組織化された無秩序」の度を高めることとなった。アカウンタビリティ論の根幹には政策科学としての合理性モデルに基づく志向がある。その端的な表出は測定であった。曖昧さを本質とするごみ箱モデルにおいて異質性となり，ごみ箱の中の無秩序をより増大させることとなった。なかでも，学校教育の成否に関わり，個人の身分保障ともなる教員の資質能力向上に関する政策が，無秩序とタイミング依存のままでいいわけがない。

　さらに今日では，測定と数値により説明すれば良しとされた状態さえも過去のものとなろうとしている。客観と主観，個人と社会の視点を指標化・数値化しようとする OECD ウェルビーイング論が，個人の幸福追求を喚起する政策を国際標準にすべく強力な影響力を発揮している。OECD は2011年，創立50周年を機に，GDP 単一指標を脱し，多元的な指標により個人と社会の幸福を測定することを提案した。このアイディアは日本にも伝播し，2021年の「経済財政運営と改革の基本方針2021」（2021年 6 月18日閣議決定）では，「EBPM推進の観点から」，「政府の各種の基本計画等について，Well-being に関するKPI を設定する」とされた[3]。多元的な幸福追求が国際的な規範となりつつある。

　加えて，OECD は，主体性をもつアクターについて，エージェンシーを用いて再定義することをはじめ，21世紀を牽引するキーコンピテンシー，学習者自らがコンパスをもって進んでいくラーニング・コンパス，学力向上や人生の成功における認知的側面としての社会情動的スキル，連環する世界の中心に個人がいることを示唆する生態学的アプローチとしてのエコシステムなど，教育と教員の政策遂行における個々人の意欲の重要性をエビデンスとともに強調している（本図 2023）。OECD が政策アクターとしての存在感を増大させている様は，我々が今，数値による可視化と共に個人と社会の幸福という価値を重視する，ポスト・アカウンタビリティの時代の中にいることに思い至らせる。

　一方で，教員に関する政策において個人やその主観の重視は観念論に終わりやすいばかりか，個人の所有と環境の整備についての視点を欠くならば，個人

が抱く無力感を増大させてしまうことにも注意を払うべきであると考える。客観的，主観的な指標や政策評価といっても結局は改善のための根拠となりにくく，ごみ箱への投入に何ら変化をもたらさないこともありうる。すなわち，公共善としての理想と現実の落差に地に足をつけて考えていく必要がある。そこで，アカウンタビリティ追求時代の政策動向を総合性と専門性という二つの政策志向から捉え直すことから始めてみたい。総合性とは行政改革から，専門性とは教職の本質からくる。これらは時に重なり時に相反し，「組織化された無秩序」を形成してきた。混迷を解きほぐす手がかりとなるのではないか。

　以上を踏まえ，本稿では，ごみ箱モデルの定義を確認した後，アカウンタビリティ論が組み込まれた行政改革の進行と総合性の提示，それらの進行とともにある専門性の課題を基に，中央・地方など政策形成主体という視点を加味しつつ，ポスト・アカウンタビリティ時代における教員の資質能力向上について，誰が何をすべきか，考えたい。

2　ごみ箱モデルの適用

　ごみ箱モデルの提示は1972年のコーエン，マーチ，オルセンらによるものが初出で，その後，マーチとオルセンが研究を発展させていった。キングダンによる「政策の窓」モデルもごみ箱モデルの発展型である（宮川 1994）。ごみ箱モデルは，政策過程や組織内の意思決定を曖昧さにより説明しようとするものであり，私たちの生活世界が非合理性に満ちているという現実からすれば，説明力の高いモデルとされてきたことにも合点がいく（草野 1997）。

　その曖昧さについて，マーチらは，不明確な選好基準，流動的な参加者による意思決定，それゆえの境界のゆらぎ，決定場面に割り当てる時間と労力をその都度やりくりしていること，「はっきりしないテクノロジー」という特徴を指摘している。「はっきりしないテクノロジー」については，木全がマッカースキーをひきながら示すところによれば，厳密な定義や議論のかわりにシンボルやメタファーが使用されることも含まれる（木全 1999）。

　以上の特徴は，中央教育審議会による公的討議により政策提案がなされるものの，ながれは省内の議論が下地となっており，審議会や幹部決定においても参加者は流動的，全体的な成果ではなく眼前の課題への対応であること，内閣官房と文部科学省，文部科学省と各地方の教育委員会において決定者の境界は曖昧（文部科学省からの出向者が教育委員会幹部として決定者になることもあ

る），政治家らのパワーバランスを伺いながら政策決定をおしこむ，という教育と教員の政策過程においても優れた説明力を有すると言える。

3　アカウンタビリティを包接する行政改革理念としての「総合性の確保」

　英米国の教育においてアカウンタビリティ論は，どのような威力をもち制度変容をもたらしたのか。イギリスではすべての教育・福祉機関の第三者評価と公表を行う OFSTED が新設された。ナショナル・カリキュラムを踏まえ，学力テストが行われるようにもなり，その結果は OFSTED による評価項目の一つとなった。制度上，保護者は全ての公立学校を選択することができるようになり，学校の学力テスト結果とともに，OFSTED の評価結果はその際の資料として利用可能となった（本図 2006）。

　アメリカでは，公費による私立学校通学を可能にするバウチャー制の導入が大きな議論となり，あわせて契約更新式の公立学校であるチャータースクール制が各州で制定された。企業も参入できるようになり，既存の公立学校と生徒獲得競争を行うことになった。クリントン，ブッシュ（43代）と政権交代となっても，大統領たちはチャータースクール制を支持した。クリントンはまた，前任のブッシュ（41代）が提示した国家教育目標を拡大させ，教育成果に対する国民への説明責任の仕組みを拡充させる策をとっていた。学校選択はどのような学校を選ぶかという学校の成果と一体的である。ブッシュ（43代）は，学校選択制を重視しつつ，学校の成果の改善について，2001年に「誰一人置きざりにしない法」（The Law of No Child Left Behind, 以下 NCLB 法）を成立させ，それらには，2014年までに「すべての子ども」が標準学力テストにおいて「習熟」レベルに達することを目標値とし，達成できない公立学校に対して閉校かチャータースクールに変更を求めることが盛り込まれた。この制度の破綻が近づいた2012年，オバマ政権では，教職員の給与支給に州の学力テスト結果を反映させることを「厳格な教育改革」と称し「習熟」レベル達成の免責事項とする，連邦補助金プログラム「頂点への競争」（Top to the Race）を成立させた。過剰なテスト結果重視は，テスト結果と教員の仕事の成果を統計上の推計として予測できるとした，農業統計学者であるサンダースによる付加価値型モデル（Value Added Models）の使用があってのことであった（ラビッチ 2013）。

　しかしながら，2014年，アメリカ統計学会は付加価値型モデルの適用について，教師や学校の効果を測定し身分保障に関わるような決定に用いることには適さないとする声明を出した。連邦政府もまた，教育改革を主導しようとする姿勢を修正し，テスト結果への過度な執着は落ち着きをみせていった。とはいえ，学力テストの結果が，納税者である州民に対して各学校の教育成果を説明する際の最重要事項となっていることに変わりはない（本図 2021）。

　こうした動きの一方，日本では，社会制度に大きな変容を迫る行政改革が始まっていった。本格的な議論と実施は，第二次臨時行政調査会（1981～1983）からとなる。戦後復興と高度経済成長において肥大化した公的部門の見直しが急務とされ，「活力ある福祉社会」「増税なき財政再建」（第一次答申1981年7月10日付け）といった標語の下，官業や特殊法人の合理化，国と地方の機能分担の在り方，保護助成行政や規制監督行政の見直し案が示された。第三次答申（1982年7月30日付け）では「変化への対応」「簡素・効率化」「総合性の確保」「信頼性の確保」という行政改革の理念が示されることになった。それらは，より公共的価値を取り込んだ政策志向と言え，現行制度を変更する力をもつものとなった。「変化への対応」は，臨時教育審議会（1983～1987）において最終答申の柱ともなった。

　第二次臨調以降の行政改革を主導した中曽根康弘内閣に次ぎ，次のステージの行政改革は，橋本龍太郎内閣，小泉純一郎内閣において進められた。行政管理庁（当時）を土台に中央政府の行政改革に携わった田中一昭は，「行政改革の推進を政権構想の正面に据えて」取り組んだのは，中曽根内閣，橋本内閣，小泉内閣の三内閣をおいて他にないとする（田中 2006）。三内閣による抜本的な制度の改革は「総合性の確保」の実現としてみることができる。橋本政権では，「行政改革会議」の最終報告（1997年12月3日付け）において，内閣官房に総合戦略機能をもたせる「内閣機能の強化」，官民・中央―地方の役割分担の見直し，政策立案機能と実施機能の分離を目指す「新たな中央省庁の在り方」を提示した。これらにより，地方分権一括法成立による機関委任事務廃止（1999年7月），総理の発議権などを含む内閣機能の強化，府省の大くくり再編，政策評価制度の導入（2001年1月）が実現した。あわせて，公的部門の簡素化として国家公務員が削減され，独立行政法人制度創設（2003年4月），国立大学の法人化（2004年4月）も行われた。

　2001～2006年までの長期政権となった小泉内閣では，補助金等の廃止・税財

源の移譲・地方交付税改革を三位一体とする構造改革が進められた。文部科学省が「義務教育の構造改革」（中教審答申2005年10月26日付け）として，義務教育費国庫負担金の廃止に抗したことは，我々の記憶にも新しい。そこでは「義務教育の中心的な担い手は，学校である。国，都道府県，市区町村の協力で，学校を支えなければならない。国は義務教育の根幹保障の責任を，また，都道府県は域内の広域調整の責任を十全に果たした上で，市区町村，学校が，義務教育の実施主体として，より大きな権限と責任を担うシステムに改革する必要がある」とされた。学校が中心になることは重要であるが，内閣の権力強化と地方分権が進むなか，政策形成において主体間の協力とはどのようになされるのか，決定者の境界が曖昧になり始めたとみることもできる。

　小泉内閣による行政改革の後，長期政権となった安倍晋三内閣（2006～2007,2012～2020）にも，「総合性の確保」の道はつながっていった。2014年に内閣人事局が設置され，幹部職員人事の一元的管理が行われるようになった。内閣機能強化の完遂とも言えよう。

　アカウンタビリティ論という点では，先の行政改革理念でいえば，直接的には「信頼性の確保」ということになる。ただし，それは行政改革理念の一部分であり，大幅な制度変更を導く「総合性の確保」によってもたらされる姿と把握できる。第三次答申は，「信頼性の確保」について「行政が円滑にその役割を遂行していくためには，国民の行政に対する信頼を確保することが必須であり，そのためには前述の(1)～(3)（筆者注－「変化への対応」「総合性の確保」「簡素化・効率化」を指す）の条件を満たすことが基本的に重要である」と説明している。その上で，「信頼性の確保」とは，「行政機関の持つ諸情報の公開，管理や適切な住民参加の問題を含め，行政について適切な理解を得るための方策を講ずること」とする。

　橋本行政改革では，こうした姿勢がさらに進展し，「はじめに」では「～自由かつ公正な社会を形成し，そのための重要な国家機能を有効かつ適切に遂行するにふさわしい，簡素にして効率的かつ透明な政府を実現する」ことを目指し，「まず第一に，内閣機能の抜本的な拡充・強化を図り（中略），行政の総合性，戦略性，機動性を確保すること，第二に，行政情報の公開と国民への説明責任の徹底，政策評価機能の向上を図り，透明な行政を実現すること」としている。「総合性の確保」による政策立案・実施などのガバナンスの大きな変更の中で，説明責任を徹底していく，という位置づけになっている。

4　政策形成における教員の専門性に関わる課題

　教員に関する政策過程とは，教員の専門性を重視した展開ということになる。そこには次のような特徴がある。第一は，実践者と政策立案者が存在し，この両者の専門性と働きにより，教職が社会形成の要職であることが制度化されている。我が国の場合，国が認可したカリキュラムにより高等教育機関において専門的な資質能力が育成され，その学修が教員免許状授与となり，これらの延長線上に教職従事者に対する給与・身分保障の諸制度が存在する。

　しかしながら，これらの制度的保障は，教員の専門性が自律性において限定的であることの裏返しでもある。これが第二の特徴である。よく言われるように医師，弁護士などの資質能力の育成と向上においては，行政組織とは異なる団体や学会による自律的な決定や活動が可能である。大学を除く教員の場合には，教育公務員としての保障と制限を受ける。自律性の限界は，専門性担保の主体と方法に曖昧さを含むということにもなる。

　第三の特徴は，教員の専門性の定義が明確に存在するわけではないことがある。なぜ専門性があると言えるのか，それが高いとはどういう意味か，関係者が置かれている環境によって答えは様々である。戦後，教員の専門性に関わる資質能力を明示し，制度拡充を実現させたのは，「今後における学校教育の総合的な拡充整備のための基本的施策について」（中教審答申1971年6月11日付け）であった。そこでは，「教育者としての基本的な資質のうえに，教育の理念および人間の成長と発達についての深い理解，教科の内容に関する専門的な学識，さらにそれらを教育効果として結実させる実践的な指導能力など，高度の資質と総合的な能力が要求される」として，実践的指導力が記された。この力の育成が必要であるとされたことが，二つの新構想教育大学の1978年創設に大きく貢献し，さらには，2008年から開始となった専門職学位を授与する教職大学院制度の根幹にも連なっていった。ただし，こうした包括的な定義は教員養成課程設置のような際には有用であったとしても，多元的でもある教職の専門性のすべてを表現しきれているわけではない。

　以上のような教員の専門性の特徴の上に，行政改革が進める「総合性の確保」は，政策形成に関わる主体たちの境界の曖昧さを高め，「組織化された無秩序」を継続させていったと考える。

　教員に関わる政策形成の主体の曖昧さは，中央レベルにおいては内閣なのか，

管轄省庁である文部科学省なのか，中央―地方の関係では，文部科学省，都道府県教育委員会，市町村教育委員会のいずれなのか，政策の内容や状況によって異なる文脈への依存を高めることになった。異例の事態とはいえ，新型感染症への対応として，2020年2月27日，対策本部長である内閣総理大臣から報道発表という形を通し，国民に直接，全国の高等学校以下のすべての学校に一斉休校が要請された。文部科学大臣が同じ内容の要請を関係機関に行ったのは翌28日であった。内閣という新たな教育政策アクターの存在と，文脈によっては内閣から国民が直接要請を受けるという新経路の存在とを印象づける出来事であったと言えよう。この一件は，発議権を有し，強化された権力をもつ内閣総理大臣が，教育再生実行会議（2013〜2021）を率い，第一次〜第十二次提言により教育・教員政策を「総合的に」牽引したことと根は同じである。

　地方分権化という点においても，機関委任事務が解消となり，地域の実態に即して基本的には地方が主導すべき事項であっても，地方教育委員会は，文部科学省が示す政策案を重要視し標準化に与している。一例として指導要録の様式がある。それは教育評価の内実を示すものであり，地域の実態を踏まえた教育が行われていることからすれば自治体ごとの差異がありうるわけだが，自治体を超えて転校となった場合に様式の差異が問題になったということはこれまでに起きていない。つまり，文部科学省が示す参考資料の様式をほとんどの自治体が採用しているからだと思われる。

　主体の曖昧さや文脈依存性が強まるなか，総合性と一体的に進んできた「信頼性の確保」を背景に教員の専門性に対して二つの大きな要請が生じてきた。

　一つは，学力向上を実現し，その過程や成果を社会に説明していくことである。ブッシュ，オバマと二人の大統領が，NCLBと「頂点への競争」を介し，学力測定の結果に翻弄されていた時，日本では，学習指導要領による教科内容の削減への異論や学級崩壊の問題に，2003年，2006年のPISA結果が加わり，「学力低下」が大きな社会問題となった[4]。文部科学省は「確かな学力の向上のための2002アピール『学びのすすめ』」（2002年1月17日付け）を示し，学習指導要領の一部改正により，総合的な学習の時間の時間数の見直しを示した。これらとともに，文部科学省からの通知では「各学校においては，学年や学期，月ごと等に授業時数の実績の管理や学習の状況の把握を行うなど，教育課程の実施状況等について自ら点検及び評価を行い，教育課程を適切に実施するために必要な指導時間を確保するよう努める必要があること。また，年間の行事予

定や各教科の年間指導計画等について，保護者や地域住民等に対して積極的に情報提供を進める必要があること」といった確認がなされた。「信頼性の確保」が，第一線の行政組織である各学校とそこで働く教員に課されたことが示されている（文部科学事務次官通知「小学校，中学校，高等学校等の学習指導要領の一部改正等について」2003年12月26日付け）。

　現在，国際テストの結果も向上し，テストの構成や測定方法に関する理解も進むようになったが，毎年の全国学力・学習状況調査の結果は，社会の大きな関心事であり続けている。

　第二の要請は，地域社会との関わりを教育成果に反映させていくことである。臨時教育審議会が「開かれた学校」を提示し，橋本・小泉行政改革が進んだ後には，「地域に開かれた学校」から「地域とともにある学校」との更新が図られた。その導きとなった，学校運営の改善の在り方等に関する調査研究協力者会議の報告書（2011）では，学校と地域が子ども像を共有し協働していくことが提案されている。そこでは「学校の裁量拡大が進められてきた教育改革の流れの中では，公費で運営される公立学校をモニタリングする主体として，保護者・地域住民等の学校関係者が学校運営に関わっていくことも重要となっている」としている。「地域に開かれた」から「地域とともに」とは，言葉の言い換えではなく，地域社会に情報を提示していくことから，教育成果を導くまでの過程に地域社会を取り込み，教育成果の説明責任を示すことが求められるようになったということである。学校支援地域本部，地域学校協働本部，コミュニティスクール（以下 CS）といった仕組みを学校経営に活用していくことや，地域の教育資源をカリキュラム・マネジメントとして活用していくことが学校と教員に要請されている。

　これらの要請には課題が派生する。第一の要請である学力向上とその成果の説明について言えば，テスト理論や統計学の基礎的理解ならびに学力測定に関わる発達への理解が教育委員会と学校の担当者において必須ということになり，教員研修の構成について再考が必要となる。

　第二の要請である地域との協働についても，地域社会の加速度的縮減の中で，学校や教員だけでは対応しきれないことが増えている。学校を支えてくれた人やまちが消えつつある。努力義務になったとはいえ，CS の運営について国からの予算措置が手厚いわけではない。自治体にも財政的余裕はなく，支持されていない場合もある。筆者による，X 県 CS 推進部局の担当者への聞き取りに

よれば，長年，地域に開かれた学校づくりを自治体独自の仕組みで実施してきた自治体の長たちが，CS という型へのはめ込みに違和感を示し続けているとのことであった[5]。いずれにせよ，地域協働は財政的裏付けが十分ではないまま地域住民の善意を基に成り立っており，危うさがつきまとう（本図 2022）。

　地域との協働についての規範理論であるカリキュラム・マネジメントについても，純粋に学校と教員に対する大きな信頼と期待が背景にあるとみることもできるが（天笠 2020），第一や第二の要請に応えていくためには，相当な環境整備が必要である。ところが，主体が曖昧になっている状況では，どの主体がそうした環境整備を政策形成過程に位置づけるのか，困難が懸念される。主体が曖昧であれば，PDCA サイクルの計画立案というスタートも始まらないことになる。

5　ポスト・アカウンタビリティ時代の中で

　行政改革会議の最終答申を受けて橋本行政改革が進行中であった1999年，ジュリスト8月号の冒頭は，政治学・行政学者たちの座談会「行政改革の理念とこれから」で飾られている（磯部力他 1999）。学者たちは，官僚機構の権力構造を問題視し，行政改革の成り行きについて期待をもって論じている。対話の中には「巨大な抒情詩の第一幕」といった表現さえある。機関委任事務の解消，独立行政法人化，内閣の機能強化など，橋本・小泉行政改革からおよそ20年を経た今日，はたして，学校・教員を取り巻くガバナンスは良くなったといえるのだろうか。公的組織における組織維持の自己目的化は防げるようになったとしても，メゾレベルの団体においては民主的とは言えない意思決定がまかりとおり，法的に問題ともならない（駒込 2021）。行政改革の理念において，強大権力を有していた官僚機構の対極にあるものとして認識されていたのは，適正な行動をする自律的人間からなる団体であった。行政改革の基底にある，団体・個人について捉えは無邪気である。

　国際的規範となりつつある OECD ウェルビーイング論においても，個人とその主観や意欲が重視され，多元的な幸福追求の主体ともなっている。個人の限界について等閑視している観がないわけではないが，OECD ウェルビーイング論は，国際標準となってきた GDP による測定を乗り越えようとする，壮大な挑戦である。可視化の質を問うポスト・アカウンタビリティ時代の旗印となる試みでもある。同論の基になった「経済成果と社会的進歩の測定に関する

委員会報告書」（Report by the Commission on the Measurement of Economic Performance and Social Progress, 2009）は，5人のノーベル経済学賞受賞者を含む24名の研究者たちの審議結果であった。議長のジョセフ・スティグリッツを筆頭に，高名な経済学・政治学の学者たちが，GDPは国の豊かさを表すには不十分であり，個人の消費や所得，暮らしの質に関わる主観的，客観的な指標を開発し，それらをダッシュボード（計器盤）として個人や社会が操縦桿を握るがごとく進んでいくべきだと主張した。実現のための鍵概念の一つには，間主観的な信頼による社会関係資本が重要であることも強調されている（Stiglitz 2019）。冒頭で触れたように，OECDは，2011年の提案から今日まで，様々なアイディアとともに各国の教育政策過程の中に個人の主体性を組み込むことを促してきた。

　ポスト・アカウンタビリティの時代においては，個人と，個人のつながりの可能性に目を向けつつ，行政改革とともにあったアカウンタビリティ論としての説明責任や数値による可視化に加え，個人が主体として権能をもつことを熟考していくことになる。個人への信頼や期待という理念は公共善に適うであろうが，その個人は，所有においても環境においても脆弱であることの方が多い。各教員も同様であり，加えて，総合性による主体者の境界の曖昧さや自律性の限界は，脆さに拍車をかけうる。

　再度，OECDのエージェンシーや生態学的アプローチといった考えに倣うなら，教員の政策過程は，無秩序なカオスではなく，教員を同心円の中心におき，それを取り巻く外周円が順に連なるエコシステムとして表されるようなものとなるべきであると考える。

　外周円にはどのような主体が入るのか。中央教育審議会答申「これからの学校教育を担う教員の資質能力の向上について〜学び合い，高め合う教員育成コミュニティの構築に向けて〜」（2015年12月21日付け）では，「教員の養成・採用・研修の一体的改革」に関わる者たちが「教員育成コミュニティ」として位置づけられた。ここでの提案により，2019年から，「教員育成コミュニティ」のメンバーである，教員採用権をもつ教育委員会と地域の大学に，教員育成指標の策定を行う協議会を構成することが求められた。その下に，教育委員会は育成指標の達成のために体系的な教員研修計画を設定することとなった。コンピテンシーとそのためのコンテンツが公表され，教員の資質能力向上が公的討議の対象となるという，教員養成の理念に関わる大きな制度変更であった。し

かしながら，この仕組みが有効に機能しているとは言いがたい。大学内でもほとんど理解されていないというのが経験的な実感である。

　教員の資質向上のための研修計画について，実質的に立案し改善しているのは教育委員会内でも，教育センターなど研修を担当する部局の指導主事たちであろう。彼らは元教員たちであり，教員研修計画の策定と改善は，PDCA型の政策形成と，決定者としての教員の力を再考していく契機となりうる。

　ただし，PDCA型の政策形成といっても，子どもの成長のための実態把握に関する教員の専門性を踏まえたものでなければならない。「信頼性の確保」からすれば，その一つにはすべての子どもの学力向上がある。そのために，実態の分析—実践—評価—改善という一連の活動を言語化し外部性を有するものとするといった研究の遂行が望まれる。教員ならではの研究ということになる。

　2008年の法改正により，学校教育法第30条において，基礎・応用・意欲という三要素からなる学力観が示された。子どもがおかれている環境を理解しながら，意欲という人間心理に有効に働きかけていくことは，高度な知識とスキルを要する。研究の主体であるということは，教員個人の能動性を喚起することになる。標準化された測定で捉えきれない人間心理の望ましい成長と，そこに至る，研究遂行者としての教員の主体的な働きかけが社会的に価値の高いものとして認知されるよう，多様なデータを駆使していくこともこれからの教員の資質向上の要である。それは，測定による結果説明を求めたアカウンタビリティ時代を超える営みとしても重要である。ただし，一足飛びに実現できるものでなく，その支援こそ，学術の多様な手法を備える大学の活躍の機会となりうる。これらの一連の営みこそが，教職の高度化の内実であるとさえ思われる。

　なお，教員の研究やその手法が，サークル内のみに通用する閉じたものであり，集団として傾向が固定的なものとなるなら，カリキュラム・マネジメントにも込められた教員への信頼と期待は萎んでいくだろう。

　教員の研究能力向上の他に，教員を中心とする同心円においては，学校という組織におけるミドルリーダーの位置づけも重要である。先の2015年答申では「10年経験者研修」を「中堅教員能力向上研修」（仮称）とする名称変更を促しつつ，法制度上には規定がない，ミドルリーダーの存在が重視された。ミドルリーダーが活躍する学校の経営とは，実務の展開を中核にし，教職員間のつながりを重視するということであり，実務を行う教員すべての行動が学校経営の重要要素とみなされるということになる。とはいえ，これらは規範論である部

分も多く，その支援において，大学や「教員育成コミュニティ」の重要メンバーともなった教職員支援機構の関与も期待される。教職員支援機構による中央研修では，ミドルリーダーに関して，ミドルリーダー研修の他，比較的経験年数の少ない教員がミドルリーダーとしての意識とスキルを高めることを意図した，次世代リーダー研修を設定していた。プログラムの構成は今後も改編されていくであろうが，ミドルリーダー育成のための手厚い支援の必要性と意義について広く認知されることが望まれる。

　学校の次の外周円に位置する者たちは，教員政策のアクターとしての自らの在り方を見直すべきである。協議会を構成している大学もその一つである。

　さらには，従来からの教員政策過程の主要アクターにおいても，無秩序の追認から脱却することが求められる。上記2015年答申による制度改変の実態把握や分析が十分とは言えないなか，2022年，文部科学省から「Society5.0」や「令和の日本型学校教育」というメタファーの下，個別最適な学びと協働的な学びが教師集団にも適用されるべきとして，①校内研修主事の設定，②教員育成指標において「教師に共通的に求められる資質能力として〈1〉教職に必要な素養，〈2〉学習指導，〈3〉生徒指導，〈4〉特別な配慮や支援を必要とする子供への対応，〈5〉ICTや情報・教育データの利活用の5つの柱で再整理」，③研修履歴による研修受講の奨励（文部科学省総合教育政策局長通知2022年8月31日付け），等が提示された。ICTと特別支援教育の重視は大型予算措置の根拠となりえ，時宜を得たものであろうが，「令和の日本型学校教育」という内向きさをイメージさせるメタファーにはアイディアとしての発信力が感じられず，決定者となるべき学校と教員のニーズが不在の政策提案であることが漂っている。全国の学校が最も困っていること（8時間を超えない勤務など）を数値的な根拠としたわけではなく，ごみ箱への新たな投入との見方もできる。実態把握を政策的必要の根拠とすべく，学校現場ならびに目標達成とのズレを認知することから始めるべきだと考える。

　計量的把握の資料として，国や各自治体の学力・学習状況調査は子どもの学習環境や心理ならびに教員の状態や環境に関する貴重な情報であり，有効活用が望まれる。あわせて，PISAやTIMSSならびにTALISにおける，学校帰属意識，いじめの状態，子どもの心理や学習環境に関する情報，ジェンダーに関する情報（例として回答者である校長の性別）などからすると，日本型学校教育と囲いをたててしまってよいものだろうかという疑念もわく。教育と教員

の政策形成における国際データの活用はさらなる検討の余地がある。

　一方で，こうした調査に参加しない不登校の子どもの学力保障や心理への働きかけは社会的課題であり，福祉領域との協働が必要である。教員の資質能力向上を超える問題であるが，社会問題として対応が急がれると，まずは学校・教員に対応を求めがちである。こうした点は抑制されるべきである。

6　おわりに

　教育経営研究の規範の一つとして「自律的な学校経営」を位置づけた場合，それを担うことができる資質能力をもつ教員をどのように現実の姿としていくかは本学会の重要な観点である。その所有と環境の整備という視点をもち，教員に関する政策を見直していく必要がある。ごみ箱モデルによって説明可能な「高校全入」をめぐる混乱，アカウンタビリティの嵐の時代を超え，無秩序に政策や政策案を放り込み予算増額や維持を成果とするのではなく，目的達成の姿と達成の度合を測定し改善していく，新たな政策過程への転換が望まれる。

　国際的なウェルビーイング論を視野に，個人と社会の幸福を追求するならば，教員の専門性の限界と可能性を踏まえつつ，教員が研究活動を行い，政策形成の中核に座し，自発的に資質向上が行われていく構造への転換も必要である。そうでなければ，物理的に第一線にいる教員にとっては見通しが悪く，標準化に傾倒し安心感を得ることもやむを得なくなる。教職が創造的な職であるという社会的認知は，有為な人材を招き入れ，高い教育成果を導く好循環の起点となる。「自律的学校経営」が理想論の域にある限り，教職の魅力は高まらない。

　一方で，学校が搾取構造の中にあると非難しつつ予算措置の増額を遠くから叫んでみても，やはり解決には近づかない。教員自身はもとより「教員育成コミュニティ」の構成者それぞれができることは数多くある。

　「それは人間の総体を扱うものであるから，人間の総体でもってぶつかって行かねばならない」。丸山眞男が，政治学を示すために引用した一節は，ポスト・アカウンタビリティ時代の教員養成にもあてはまる。

[注]
　⑴　本稿では accountability の訳語としてアカウンタビリティを用いる。かつてはアカンタビリティという表記や，今日では説明責任との訳語も和語もあるが，国際的な議論とのつながりを重視した。三語の出現率（1980〜2022）については以下のグ

ラフのとおり。高い方から，説明責任，アカウンタビリィ，アカンタビリティ。

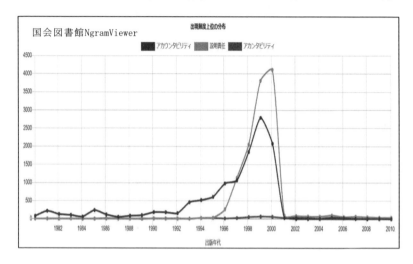

(2) 60～70年代，カリフォルニア州では，財産税の徴収，使途に対して住民から不満が示され，住民による「提案13号」（1978）が州民投票により可決され，州憲法や税制度の改変を導くまでとなった。その衝撃は大きく，直接民主主義としても国際社会の注目を集めた。財産税の主な使途は学区予算であり，学区間の財政格差に対する州政府の関わりも論点となった（小泉 2016）。

(3) EBPM とは Evidence Based Policy Making の略，内閣府は「証拠に基づく政策立案」と訳している。KPI は Key Performance Indicator の略。

(4) その一つに京都大学教授西村和雄（経済学）らによる活動がある。同氏の他，理系の研究者たちが中心となり，「2002年度からの新指導要領の中止を求める国民会議」がインターネット上で署名活動を行った（西村 2001）。他に，日本経済新聞も一年近くの連載により問題提起を行った。『教育を問う』（2001）に再録。

(5) 2023年5月17日実施。場所はX県県庁。実施時間はおよそ1時間。

[引用文献一覧]

・天笠茂『新教育課程を創る学校経営戦略―カリキュラム・マネジメントの理論と実践』ぎょうせい，2020年。

・磯部力他「行政改革の理念とこれから」『ジュリスト』8月1・15日号 No.1161，有斐閣，1999年，10-33頁。

・木全晃「あいまいな状況下における意思決定―ゴミ箱モデルに関する基礎的考察」『経営学研究論集』10，1999年，107-121頁。

・草野厚『政策過程分析入門』東京大学出版会，1997年。
・小泉和重「カリフォルニア州の『納税者の反乱』を巡る最近の論点—J. シトリン，I.W. マーティン編『納税者の反乱後』を読んで—」『アドミニストレーション』第22巻第2号，2016年，173-192頁。
・駒込武『私物化される国公立大学』岩波ブックレット，2021年。
・田中一昭「中曽根行革・橋本行革・小泉行革の体験的比較（橋本行政の検証）」『年報行政研究』41，2006年，1-19頁。
・西村和雄編『学力低下と新指導要領』岩波ブックレット，2001年。
・日本経済新聞社編『教育を問う』日本経済新聞社，2001年。
・本図愛実「イギリス教員給与制度の現状と課題」『宮城教育大学紀要』41，2006年，193-201頁。
・本図愛実編著『グローバル時代のホールスクールマネジメント』ジダイ社，2021年。
・本図愛実「東日本大震災以降の子どもの安全と危機管理」『日本教育行政学会年報』48，2022年，42-61頁。
・本図愛実「教師のウェルビーイングを問う」教育新聞連載全10回（2023年8月28日〜10月2日），2023年。
・丸山眞男／松本礼二編注『政治の世界　他十篇』岩波文庫，2014年。
・宮川公男『政策科学の基礎』東洋経済新報社，1994年。
・文部科学省『学制百二十年史』ぎょうせい，1992年，331頁。
・文部科学省・学校運営の改善の在り方等に関する調査研究協力者会議「子どもの豊かな学びを創造し，地域の絆をつなぐ〜地域とともにある学校づくりの推進方策〜」2011年。
・ダイアン・ラビッチ／本図愛実監訳『偉大なるアメリカ公教育の死と生—テストと学校選択がいかに教育をだめにしてきたのか—』協同出版，2013年。
・Joseph E. Stiglitz, et.al.（2019）Measuring What Counts The Global Movement for Well-Being, The New Press.

Improving Teacher Competencies in the Post-Accountability Era: Beyond the Confusion between Comprehensiveness and Professionalism

Manami Honzu（Miyagi University of Education）

Teacher training as a policy process seems to be a garbage can model of "organized disorder. The theory of accountability has been influential in this process, and in Japan, it has led to various institutional changes as a theory of administrative reform. With the advent of the post-accountability era in mind, it is necessary to rethink policy trends in the era of accountability from the perspective of "Comprehensiveness" and "Professionalism" in order to alleviate confusion.

The accountability theory that transformed the education system in the U.K. and the U.S. has, in Japan, led to decentralization and the strengthening of cabinet functions as administrative reforms with the primary goal of "ensuring comprehensiveness," and has also blurred the boundaries of authority and activities of actors in policy formation.

In exchange for status security, the professionalism of teachers is limited in terms of autonomy. Furthermore, along with administrative reforms, two demands have been brought to bear: the realization and explanation of academic achievement, and the reflection of educational results on the local community.

In the post-accountability era, we will contemplate the individual and the possibility of connections between individuals, while looking at the individual's empowerment, along with evidence. However, it must be noted that the individual is vulnerable, both in possession and in the environment.

Taking the ecological approach of the OECD, the policy process for teachers should be such that it is represented as an ecosystem with teachers at the center of concentric circles, surrounded in turn by a series of peripheral circles. Members of the "teacher development community," as indicated by the Central Council for Education Report (2015), who enter the periphery circle, should review their own functions.

These will aim to substantiate autonomous school management, which is the norm for educational management research by the Society.

教育経営の実践事例

学校組織に変革をもたらす常勤外部人材
　―小規模高校での「総合的な探究の時間」のカリ
　　キュラム開発・導入過程に着目して―　　　　三浦奈々美
教師の指導観の問い直しを促す校内研修プログラム
　の開発的研究
　―U理論を援用した組織的省察の展開とその効果―
　　　　　　　　　　　　　　　　　　　　　　　元澤　倫久

学校組織に変革をもたらす常勤外部人材
—小規模高校での「総合的な探究の時間」の
カリキュラム開発・導入過程に着目して—

東北大学大学院　三浦奈々美

1　課題設定と本稿の目的

　学校で働く人材は，「チームとしての学校」や「社会に開かれた教育課程」というスローガンの下で多様化している。教員以外のスタッフには，校長や教育委員会の服務監督下で特定の業務を担う「専門スタッフ（心理，部活動，特別支援等）」に加え，近年では「行政（首長部局）や民間企業・団体等に所属して学校運営の一部を担う人材」も存在する。本稿では，後者を「外部人材」と定義し，外部人材が一つの学校に常勤で勤務する事例に着目する。

　現段階で学校内に常勤する外部人材が主として観察されるのは，高校に配置される「高校と地域をつなぐコーディネーター（以下，CN）」であろう。全国都道府県教育長協議会（2019）によれば，CN は，学校内外の教育資源を接続しながら効果的な学習活動を創出する人材であり，勤務・雇用形態は多岐にわたりながらも学校内に常勤する者が多い。同協議会の調査（2018年）では，CN が19県に140名配置され，うち74名が専任雇用である。近年では，島根県隠岐諸島の高校魅力化プロジェクト[1]を契機に，高校統廃合を危惧した過疎地域の市町村が，地域おこし協力隊の採用や NPO 等への民間委託を通して CN を担う人材を確保し，都道府県立の小規模高校に派遣する動きが盛んである。実際に，CN 配置の財源として，複数の事業や補助金，及び交付金（**表1**）が存在する。

　では，常勤外部人材の配置は，学校組織にいかなる影響をもたらすだろうか。日本の教育経営学における学校組織論研究では，多様で複雑な学校の組織特性に対して複数の理論的検討が展開されてきた（織田 2012）。そのなかでも佐古

表1　高等学校への CN 配置に係る財源となる主な事業・交付金・補助金

	事業・交付金・補助金名	開始年度	対象	交付額・補助率	所管
1	集落支援員	2008年度	市町村	年間350万円/人 ※上限額	総務省
2	地域おこし協力隊	2009年度	市町村	年間400万円（活動費含）/人 ※上限額	総務省
3	地方創生推進交付金	2016年度	都道府県 市町村	国1/2、都道府県・市町村1/2	内閣府
4	地域学校協働活動推進事業	2016年度	都道府県 市町村	国1/3、都道府県1/3、市町村1/3 ※政令市・中核市の場合：国1/3、市2/3	文部科学省
5	新時代に対応した 高等学校改革推進事業 （普通科改革支援事業）	2022年度	高等学校等 設置者	年間560万円/校 ※CN人件費含む全体の経費支援額	文部科学省

出典）全国都道府県教育長協議会（2019），総務省 HP，文部科学省 HP より筆者作成

(1986・佐古・竹崎2011）は，「ルースカップリング（緩やかな結びつき）」や「個業性」という概念化を試み，学校の組織的特性に変革の困難性が内在化することを指摘している。「チーム学校」論の展開以降，学校組織の多職種構成化は進展した（安藤 2016）。しかし，校内の圧倒的多数を占める教員で構成される「教員文化」は，教員と他スタッフ間の地位・身分・権限の非対称性を生み出し，他領域との連携・協働を阻害・抑制してきた（小川 2018）。実際に，2006年に開始された島根県の先進事例では，「柔軟性とストレス耐性」（29頁）が評された教員経験者や大手民間企業で人材育成に携わった社員など経験豊富な外部人材が，教員らとの調和を図るために「掃除やコピー取り（中略）など教員の負担軽減になるものは何でも積極的に引き受け」（41頁）たと苦悩を述懐している（山内・岩本・田中 2015）。このことは，外部人材が学校組織に適応するために，初期段階で教員との間に「社会的交換[2]」関係を自ら構築したことを示唆する。ただし，近年の学習指導要領改訂等を背景に，外部人材にカリキュラム開発等の学校改革の一翼を担うことを期待する動向もあり[3]，個人の合理的な利益追求のために協調する「社会的交換」関係のみでは，外部人材が継続的に教員の専門的領域に関わることが難しい。そのため，多職種・多組織間で共通の利益を追求する連携・協働体制が必要となるが，その成立条件は十分に検討されていない。常勤外部人材の量的拡大や小中学校への校種を超えた普及を見据え，外部人材と学校，及び自治体の連携・協働の成立条件について，学校の組織的特性や外部人材の雇用形態を考慮しながら検討する必要がある。

　本稿では，常勤外部人材（CN）が学校組織との連携・協働に至るプロセスを，CN と周囲のアクター（管理職・教員・自治体等）の行動に着目しながら

明らかにする。その上で，常勤外部人材の活用に向けた教育経営実践を検討するための知見を提供したい。筆者はCNとして，2019年度から4年間，教育系NPO法人に所属しながら小規模高校に常勤で勤務した。当時の筆者は教員免許を持たない新卒NPO職員であり，「よそ者」として縁もゆかりもない町の学校に参画した。本稿は，筆者が「総合的な探究の時間（以下，総合探究）」のカリキュラム開発に従事した初期の2年間（2019〜2020年度）に焦点を当てる。総合探究は，高校・地域間のコーディネート機能が求められる観点から，CNがカリキュラム開発の中心的役割を担いつつ，教育課程内の一授業として教員（管理職や学年主任，担任，教務部，進路部等）の主体的な関わりも求められる。

　事例分析にあたって，筆者は①副校長（2019〜2021年度），②教諭B（2019〜2020年度学年主任，2021〜2022年度教務主任），③教諭C（2016〜2020年度教務主任）の3名にインタビュー調査を実施した[4]。本稿では，筆者の実践を中心に，調査で得た関係者の発言を取り入れて内容を補強しながら記述する。

2　県立高校への常勤外部人材の配置

(1)　X校に常勤外部人材（CN）が配置された経緯

　本事例で取り上げる県立X高等学校（以下，X校）は，A町唯一の高校であり，各学年2クラス，教職員数約20名の小規模校である。急激な人口減少が続くA町では，X校の入学者数も10年で3分の1に減少した。そこでA町は，X校の存続や活性化を目的として，2018年度に「X高校魅力化構想会議」を設置した。会議の構成員は，会長に町長，副会長に校長と町議会議長，その他委員に教育関係者やPTA，地元企業等（約15名）である。構想をもとに2019年度から「X高校魅力化事業（以下，魅力化事業）」を開始し，A町教育委員会事務局が担当部局として，事業推進を東京都に本部を置くNPO法人に委託した[5]。これらの経緯から，X校はNPO法人の職員3名（CN）を校内に迎え入れ[6]，A町とともに魅

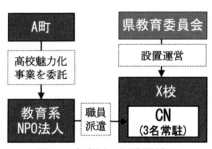

図1　本事例の組織関係図
出典）筆者作成

力化事業に取り組んだ（**図1**）。関係者の協議では，事業の成果を得るために3名のCNがX校内に常勤で週5日勤務することが決定した。他地域では1，2名の配置が一般的であり，X校は全国的に特異なケースである。

　本事例におけるCNの経歴と主な業務内容は，**表2**のとおりである。CN1は，2019年以前から同NPO法人の職員としてA町で学習支援事業に携わっており，魅力化事業開始を機にCNチームの指揮を執った。CN2とCN3（筆者）はCN1の部下として，総合探究の企画・実施や学校・地域間の連絡調整等を担当した。

　同NPO法人は，他県の高校にもCN業務を担う職員を複数名派遣しており，各自治体及び教育機関の特徴を生かした先進的で影響力のある事例の創出を目指していた。そのため，CNらはX校に新しいアイデアを積極的に取り入れることを目指し，**表2**の業務のほか，同法人内の職員との勉強会や先進校及び専門家へのヒアリングを実施するなど，情報収集にも努めていた。

表2　CNの経歴と主な業務内容

	CN1	CN2	CN3（筆者）
着任期間	2019年度～現在	2019～2020年度 ※2021年度以降，新職員着任	2019～2022年度 ※2023年度以降，新職員着任
着任時の年齢	30代前半	20代前半	20代前半
着任前の経歴	民間企業→NPO職員	大学院生	大学生
教員免許の有無	あり	なし	なし
主な業務内容	・CNの統括 ・事業計画の策定 ・町と高校の協働体制構築	・総合探究カリキュラムの開発及び実施（※本稿の事例） ・学校（生徒・教員）と地域間の連絡調整 ・生徒募集に係る広報や地域への情報発信	

出典）高校魅力化プラットフォーム「コーディネート機能とは」（https://cn-miryokuka.jp/cordinator/）を参考に，筆者作成

(2)　常勤外部人材（CN）の学校内での位置付け

　2019年4月より，3名のCNはX校に派遣され，各学年団に1名ずつ所属し，所属学年に応じて職員室内に座席（**図2**）が与えられた。2018年度末に，高校側はCNが配置されることを把握していたが，CNの役割が不明瞭だったため，CNを教員と同様に校務分掌や部活動顧問に割り当てる案を提示していた。2019年度初めに，A町教育委員会事務局の職員（以下，A町職員）がX校を訪問し，校長・副校長・CN1を交えてCNが担うべき役割を協議した。協議を経て校長・副校長は，CNを専門的な業務（**表2**）に専念させる必要性を感じ，校務分掌や部活動の担当から外した。一方で副校長は「CNが教員文化に交わ

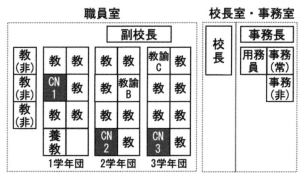

図2　X校の職員室・校長室・事務室の配置
（2019年度）

出典）筆者作成

るためには，校内全ての情報を共有するべき」との認識から，校長の同意の下で「定例職員会議」「成績会議」「配慮が必要な生徒の情報共有会議」など入試以外の全会議にCNを出席させることを決めた[7]。配置当初のCNの印象を，副校長は「CN1さんは，過去の経歴からX校の有益な戦力になると期待できた。CN2さんとCN3さんは年齢が若く経験も浅いと感じたが，CN1さんが事業の成功に向けて部下に選んだ人材だと聞き，一緒にやっていけると思った」と語った。CNが配置された段階で，副校長はCNの業務遂行とX校への適応の双方を考慮した校内体制の構築を意識していた。また，副校長は若手CNにもNPO法人やCN1を通じて一定の信頼を寄せており，校長も副校長の意見を尊重していたため，CNらは校長・副校長と当初から意思疎通が図りやすい状況であった。

3　「総合的な探究の時間」のカリキュラム開発・導入過程

⑴　X校の「総合的な探究の時間」の概要

　X校は，魅力化事業の柱の一つに「地域と連携した探究カリキュラム」の導入を掲げた。事業開始と同時期に，X校は文部科学省の事業指定を受け，地域課題の解決を主とした探究学習を行う必要があった。そこでX校は，A町との連携を機に地域資源を教育活動に活用できると考え，文部科学省事業と併せて，2022年度から必修化された総合探究の先行実施を決めた。また，CNが所属す

る NPO 法人はプロジェクト・ベースド・ラーニング型の教育プログラムを展開しており，そのノウハウを習得できる CN をカリキュラム開発の中心に据えた。

　X校の総合探究は，１・２学年が２単位，３学年が１単位の計５単位で設定している。主な内容は，１学年が議会や役場から提示された地域課題に関するテーマでグループ探究，２学年が地域に関する自由なテーマで個人探究，３学年が進路や職業を軸にした個人探究である。総合探究の企画・実施は，各学年に配置された CN が中心となり，全教員と連携・協働して進めている（**図3**）。まず，CN が授業案を作成し，外部講師の招聘や校外学習を行う際には，事前に管理職と協議する。週次の探究学年会議（**図3：C.**）では，CN が提示した授業案に教員が意見を加え，内容を決定する。授業実施（**図3：E.**）は，CN が全体進行を行い，教員は生徒のグループに入ってファシリテートを行う。さらに評価は，CN が中心に作成したルーブリックを参考に，学年で分担する。このような流れが確立され，CN が教員と協働ができるようになったのは，事業開始2年目（2020年度）以降である。そこに至るまでのプロセスを，次項以降で示す。

図3　X校での「総合的な探究の時間」の流れ（2020年度以降）
出典）文部科学省（2018）「高等学校学習指導要領（平成30年告示）解説 総合的な探究の時間編」を参考に，筆者作成

(2) 2019年度（1年目）：総合探究への理解を広げるための施策

　総合探究を段階的に導入するため，初年度は1学年の学校設定科目2単位と2学年の「総合的な学習の時間（当時）」1単位の計3単位で実施した。CN は，年間カリキュラムを作成し，教員らが見守る中で週1回の授業を開始した。初年度は，校内で総合探究への理解を広げるため，次の2点に取り組んだ。

　一点目は，新しい学校経営ビジョンの策定である。副校長は，事業開始当初

から「事業推進を教員らに理解してもらうために，まずは校内外の関係者でビジョンを共有することが重要」だと考えていた。この考えを踏まえ CN らは，魅力化事業を掲げる A 町の意図も含めた組織横断的な学校経営ビジョンが策定できるよう準備を進めた。具体的には，副校長・CN（3 名）・A 町職員で 4 月からビジョン策定に向けた会議を週 1，2 回実施した。5 月からは，生徒・教員・地域住民等を対象としたワークショップを計 6 回開催し，X 校で実現したい生徒・学校像について意見を募った。その結果，X 校は「多様な生徒一人ひとりが自らの強みを見つけ，その強みを最大限に伸ばせる学校」の実現をビジョンとし，その手段の一つに総合探究を位置付けた。これらの過程で，校長と町長・教育長間の情報共有も頻繁に行われ，総合探究の成果発表会では町長と教育長が共に臨席して高校生を激励するなど，X 校と A 町の連携が図られた。

　二点目は，総合探究の授業案を CN・教員間で協議する場を設けることである。4 月当初，CN1 は教員らと授業案を共有する会議を行いたいと，当時の学年主任（教諭 B）に相談を持ちかけた。教諭 B は，以前 CN1 が携わっていた A 町の学習支援事業と連携を取りながら進路指導をしており，CN との連携にも意欲的だったからである。教諭 B が他の教員らを説得し，授業の空き時間を調整しながら会議を開催できた。しかし，当初は会議に負担を感じる教員もおり，特に生徒との接触が少ない学年付教員の参加率は低かった。そこで CN らは，学年内の教員一人につき 8 名程度の生徒を割り振って授業内で声掛け等を行うようお願いし，翌週の会議で授業時の生徒の様子を共有し合うことを始めた。当時のことを，教諭 B は「多くの教員が探究の指導に迷いや不安を感じていたが，会議で CN や他の教員と指導方法を擦り合わせたことで，次第に探究を前向きに捉えることができたのではないか」と振り返った。教員から生徒への丁寧な指導によって，生徒は意欲的に学習し始め，教員のモチベーションは向上した。

　これらの工夫が総合探究への理解を広げた一方，CN・教員間の関係構築には日常的な学校運営業務も重要な要素となった。X 校をはじめとする地方小規模高校では，教科準備室の設置が一部教科に限られる場合があり，全教員が職員室内に「同居」していることが珍しくない。CN の配置は，県内で前例のない取組であり，教員らは突然「同居」し始めた外部人材とどのような距離感で接するべきか困惑していた。当時教務主任の教諭 C は，「職員室では生徒の個人情報が日常的に飛び交うため，"外の人"である CN に情報が筒抜けになっ

て大丈夫なのか」と最初は抵抗感があった。しかし，その後数ヶ月が経つと，CN は行事の準備や読書活動の指導，進学・就職の面接練習など，各学年団の教員らで協力して行う学校運営業務の人員に，学年団の一人として加えられるようになった。CN らは学校文化を理解する機会として，可能な範囲で学校運営業務に取り組み始めた。例えば筆者（CN3）は，X校の音楽科教諭が複数校兼務により常勤していないため，行事担当の教員から入学式等での国歌・校歌のピアノ伴奏を依頼され，引き受けていた。教諭Cによれば，学校運営業務にCN を加えたことに関して「職員会議でCN と情報共有をする中で，次第に学校運営業務を一緒にやっても良い相手だと思えた」という。管理職がCN を職員会議に出席させた結果，教員らは当初感じていたCN との距離が縮まり，時間の経過と共に同僚として受け入れ始めた。他方のCN は，これまで教員の業務領域に慎重に関わってきたが，学校運営業務を通じて教員らと日常的にコミュニケーションを取り，同じ目線で生徒と接するなかで，徐々に教員から信頼されるようになった。

(3) 2020年度（2年目）：総合探究の実施体制の確立

　2年目から，総合探究が1〜3学年で計5単位の実施となり，教員からも総合探究を円滑に行うための提案があった。その一つとして，学年主任の教諭Bを中心に，空き時間を調整して実施する授業案の協議を効率的に行えないかという意見が出された。管理職と教務主任の教諭Cは，2020年度から各学年で週次の「探究学年会議」を設け，探究授業と合わせて全教員の時間割に設定した。例えば1学年所属の国語科教員は，国語科授業（週12コマ）に加え，月曜3校時の探究1学年会議（週1コマ）と木曜5，6校時の1学年総合探究授業（週2コマ）を担当する。総合探究は，担任や教務部・進路部の探究担当など一部の教員が担うことが一般的で，専門教科別に採用される高校教員には必ずしも優先順位の高い業務ではなかった。しかし，時間割の設定により，X校では全教員が責任を持って担うべき業務として総合探究が認識されるようになった。

4　まとめと今後の課題

　本稿は，小規模高校で常勤外部人材（CN）が探究カリキュラムを開発・導入した事例に着目し，多職種・多組織間の連携・協働が成立する条件について示唆を得ることを目的とした。魅力化事業開始当初，A町・NPO法人・CN は，

管理職と教員，及びその利害関係者から独立した存在であり，CN の学校組織への適応が困難になると予想された（**図 4** 左側）。しかし，本事例では次に示す 3 つの要因によってアクター間に「緩やかな結びつき」が生まれ，多職種・多組織間の連携・協働体制が成立した（**図 4** 右側）。

　第一に，本事例に先行して NPO 法人及び CN1 が A 町の教育事業に携わっていたことである。A 町の教育課題に知見を持つ CN1 がいたことで，管理職（校長・副校長）は A 町が掲げた魅力化事業の意図を早期から理解し，CN を学校改革のパートナーとして認識した。学校経営ビジョンの策定時には，管理職のイニシアチブと A 町（町長・教育長・A 町職員等）による協力・支援体制のもと，CN は組織横断的にビジョンが策定されるよう準備を進めた。これにより，管理職・CN 間は A 町・NPO 法人の関係を介して緩やかに結びついた（**図 4** 右側の①）。第二に，管理職が CN 配置後の新たな校内体制を教員らに提示したことである。管理職は，職員室内に CN の席を設け，職員会議にも CN を出席させて校内の情報を共有するなど，CN を校内組織の一員として位置付けた（**図 4** 右側の②）。第三に，ビジョンという共通の価値観が醸成された校内で，CN が教員との「社会的交換」関係を構築したことである。CN は，単なる契約上の業務遂行だけではなく，職員室で教員らと「同居」しながら様々な業務を行い，教員らと同じ目線で学校運営に携わった。また，CN は外部人材との連携に意欲的な教員の協力を得ながら，教員の探究指導への不安を共有・解消する場を設けたことで，教員らに探究への理解・関心を促した。これにより，CN は教員から信頼のもとで新しいカリキュラムを開発・導入することができた（**図 4** 右側の③）。すなわち，① A 町・NPO 法人間の長期的な連携関係と②管理職による組織マネジメントが存在し，その上で③ CN・教員間の「社会的交換」関係が築かれたことにより，多職種・多組織間の連携・協働が成立したと考えられる。

　先行事例（山内・岩本・田中 2015）に後続する本事例は，常勤外部人材にカリキュラム開発を中核とした学校改革が期待されていた。先行事例では外部人材から各アクターへの「社会的交換」関係の構築が主であったが，本事例では外部人材の自発的行動に先行して自治体・NPO 法人間の連携関係や管理職のマネジメントが機能したため，外部人材が配置当初からカリキュラムという教員の専門的領域に関わることができた。本事例から示唆されるのは，常勤外部人材の配置・活用に向けた学校及び自治体による教育経営実践の重要性であ

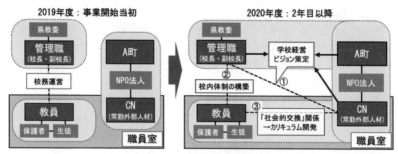

図4　管理職・教員・CN（常勤外部人材）間の「緩やかな結びつき」の変化
出典）筆者作成

る。

　本稿で着目した事例は，高校という個業性が強い校種の特性と，小規模校という教員間の距離が近い学校規模の特性を併せ持つため，各アクターが自律性を有しつつも相互作用が生じやすい環境であった。今後の課題は，大規模高校や小中学校など，校種や学校規模の異なる事例に着目することである。

[注]
⑴　2006年から海士町・西ノ島町・知夫村が協働して，廃校の危機にあった島根県立隠岐島前高等学校の存続を目指した。外部人材の一人であった岩本悠氏は，中央教育審議会で委員を務め，小規模自治体にインパクトを与えた。
⑵　Blau（1964＝1974：82頁）によれば，社会的交換を「他者からの返礼によって動機づけられる諸個人の自発的行為」と定義している。
⑶　例えば、文部科学省「新時代に対応した高等学校改革推進事業」では，探究的な学びを目指した特色・魅力あるカリキュラム及び教育方法の開発を行うために，高校にコーディネーター（外部人材）を配置することを推奨している。
⑷　インタビューは，2023年10月15日と12月16日に副校長，9月30日と12月17日に教諭B，12月16日に教諭Cを対象にオンライン会議ツールを使用して実施した。
⑸　A町は，2015年度から町内の学習支援事業を同NPO法人に委託しており，2019年度から新たに「X高校魅力化事業」も委託することになった。
⑹　本事例でのCNの人件費に係る財源は，主として地方創生推進交付金（1/2）とA町の自主財源（1/2）である（**表1**参照）。
⑺　A町の隣町の高校ではCN（地域おこし協力隊）が職員会議に出席していない。

［引用文献一覧］
・間場寿一・居安正・塩原勉共訳『交換と権力―社会過程の弁証法社会学』新曜社，1974年（＝Blau, P., "Exchange and Power in Social Life", Wiley, 1964.）。
・安藤知子「『チーム学校』政策論と学校の現実」『日本教師教育学会年報』第25巻，2016年，26-34頁。
・織田泰幸「我が国の学校組織論研究のレビュー」『日本教育経営学会紀要』第54号，2012年，188-197頁。
・小川正人「教育と福祉の協働を阻む要因と改善に向けての基本的課題―教育行政の立場から―」『社会福祉学』第58巻第4号，2018年，111-114頁。
・佐古秀一「学校組織に関するルース・カップリング論についての一考察」『大阪大学人間科学部紀要』第12号，1986年，135-154頁。
・佐古秀一・竹崎有紀子「漸進的な学校組織開発の方法論の構築とその実践的有効性に関する事例研究」『日本教育経営学会紀要』第53号，2011年，75-90頁。
・全国都道府県教育長協議会第2部会「地域と学校の連携・協働におけるコーディネート機能の強化・充実～今後，求められるコーディネーターの在り方～」全国都道府県教育委員会連合会，2019年。
・山内道雄・岩本悠・田中輝美『未来を変えた島の学校―隠岐島前発ふるさと再興への挑戦』岩波書店，2015年。

［謝辞］
　インタビューにご協力いただきました皆様，並びに本論文での事例紹介をご了承くださいましたX校，A町，NPO法人の皆様に御礼申し上げます。

Small-Rural-School Reform with Full-Time External Staff: The Curriculum Development and Implementation Process of the "Period for Inquiry-Based Cross-Disciplinary Study"

Nanami Miura (Graduate School, Tohoku University)

This study identified the conditions necessary for full-time external staff to collaborate with school staff members, focusing on the actions of full-time external staff and stakeholders (school administrators, teachers, local governments, etc.).

Full-time external staff in schools typically include the "high school-community connecting coordinator" (hereinafter, "CN"). Recently, local governments seeking to revitalize high schools have hired CNs and assigned them to small prefectural high schools. However, CNs often face the challenge of quickly integrating into the school organizations and working with teachers. While belonging to a nonprofit organization (NPO), the author worked as a full-time external staff member (CN) at a small rural high school (X School) for 4 years and the author developed and implemented the "Period for Inquiry-Based Cross-Disciplinary Study" curriculum. This study analyzed the process by which CNs developed and implemented the curriculum at X School, based on the author's experience and interviews with school administrators and teachers related to the case study.

The analysis identified three essential points for dedicated external staff to collaborate with school staff members. First, a long-term cooperative relationship was established between the local governments assigning CNs and the NPO to which the CNs belonged. Second, the school administrator managed the internal organization of the school and positions CNs as partners in school reform. Third, the CNs established a "social exchange" relationship with teachers. While past practices emphasized the importance of the voluntary initiative of external staff in working with teachers, this practice highlighted the effectiveness of cooperation between the local government and NPOs and the management of school administrators. This study underscores the importance of school administrators and local governments implementing educational management practices so that full-time external staff can work with teachers, including during curriculum development.

教師の指導観の問い直しを促す 校内研修プログラムの開発的研究
―U理論を援用した組織的省察の展開とその効果―

兵庫教育大学大学院　元　澤　倫　久

1　問題の所在および研究の背景と研究の目的

　現代は変化が激しく，「VUCA の時代」といわれる予測困難な時代である。中央教育審議会（2021）「『令和の日本型学校教育』の構築を目指して～全ての子供たちの可能性を引き出す，個別最適な学びと，協働的な学びの実現～」によれば，「『みんなと同じことができる』『言われたことを言われたとおりにできる』上質で均質な労働者の育成が高度経済成長期までの社会の要請として学校教育に求められてきた中で，『正解（知識）の暗記』の比重が大きくなり，『自ら課題を見つけ，それを解決する力』を育成するため，他者と協働し，自ら考え抜く学びが十分なされていないのではないか」と指摘している。その背景として教師の授業の在り方が指摘される。つまり，子どもがもつ他律的な学習観の背景には，教師主導による知識注入型の指導観の存在が指摘され，自律的な学習者を育成する教育を実現するためには，「教師は知識を教える人」から「教師はファシリテーター」へという教師の役割の認知（指導観）の転換が求められる。しかし，これまで，教師の指導力を高めるための校内研修が実施されてきたが，その内容は，授業展開や指導方法に係る知識や技術に留まる傾向にあった。このような実態を踏まえ，自校の生徒の課題と目指す姿を組織的に共有し，個々の教師の指導観の問い直しを促し，次代を担う自律的な学習者を育成する教育を具現化することが求められる．そのために，本研究においては，U理論に基づき，新たな価値（「自己調整学習」の理論）の認知と，これまでの教師の指導の在り方を問い直す生徒データの共有，さらに教師相互の実践の交流等を組み合わせた校内研修プログラムを開発することを目的とする。

2　本研修プログラムの構成原理

⑴　「指導観」を含めた教師の実践力の構造的整理

　久我（2013）は，コンピテンシーの氷山モデルを用いて，教師の実践力の構造を整理している。その構造は，基底層（第1層）に教師としての「使命感や教育的愛情」が存在し，その上に第2層として，教育者としての基本的な考え方としての「指導観・教育観」が位置づくとしている。そして，その指導観を具現化する指導方法に係る「知識・指導スキル」（第3層）として位置づけ，具体的な実践力（第4層）として発揮されるという構造を示している。指導観について，梶田ら（1984）は，個人レベルの指導論（Personal Teaching Theory；以下「PTT」とする）とし，「教師の指導行動を規定しているもの」として位置づけている。本研究においては，第2層の指導観の問い直しをターゲットとした研修プログラムの開発を目指した。

⑵　自律的な学習者育成のための自己調整学習の理論の認知的共有

　自己調整学習研究会（2012）によると，「自己調整学習」とは「学習者自らが学習を動機づけ，維持し，効果的に行なうプロセス」としている。自律的な学習者育成の条件を「教師自身が学習する」場を設定し，「指導観」への省察の深化を促すために，「知識・指導スキル」（第3層）への刺激を構想した。

⑶　これまでの規範（「指導観」）の問い直しを促すU理論の枠組の援用

　古川（1990）は，旧来の価値規範を転換する組織変革理論において，組織の「単ループ学習」を「スパイラルなマルチループ学習」へ変容させる必要性を指摘している。そのために，進むべき指針（ベクトル）を示しながら，旧来の価値規範を根底から転換する必要性を示唆し，そのことによって組織の文化が革新に対して前向きに変容する，としている。ただ，単ループからマルチループへ転換する具体的な手続きについては明示されていない。「自己調整学習」という新たなベクトルを示し，教師の指導観の転換を促進する枠組としてシャーマー（2017）のU理論を援用することを構想した。U理論は組織文化を変革するフレームワークであり，従来の規範（考え方を含む）を問い直し，新たな価値を生み出す手続きを明示する理論であり，地域・社会のシステム変容

分野にて産官学協働事業等に実績があり，段階が明示されている（**図1参照**）。

　本研究では，U理論における組織的省察を通した変曲点(4)「迎え入れる」までの段階を対象とした。具体的には以下の通りである。

⑴　「保留する」とは習慣的なパターンを保留することで，もっと俯瞰的な視点を得ようとすることである。本研修プログラムでは，従来の指導観（PTT）を一旦保留して，「自己調整学習」の理論を明示した研修動画の視聴場面を設定することにより，習慣的に実践している指導観を俯瞰的な立場から見直すことを構想した（知識・指導スキルレベル）。

⑵　「視座を転換」するとは，「意識を『外側』から『内側』に向けること，つまり対象に注目するのではなく，思考プロセスを生み出している源（ソース）に注目することだ」としている。本研修プログラムでは，生徒の自律的な学びを生み出す内面的な構造（メタ認知，学習方略，動機づけ等のつながり）を示すデータを共有することを通して，生徒の問題（主体性の欠如等）の源（ソース）が，教師の指導の在り方にあることを，データに基づいて示すことによって，教師の省察を深化させることを構想した。

⑶　「手放す」とは，「自分たち自身が問題の一部であること。純粋に外部の力によって形成されていたように見えていたパターンは，実は自分たちが集団として作り出していたことに気がつく」ことを指す。本研修プログラムでは，生徒の学びや生活に係る課題が生徒の内面や教師の指導の在り方と強く結びついていることを示すデータを共有することで，これまでの指導観（PTT）を手放すことを構想した（指導観・教育観レベル）。

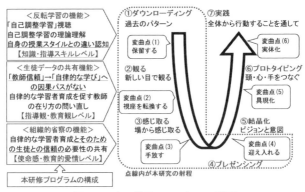

図1　プログラム・イメージ図

(4) 「迎え入れる」とは，互いのこれまでの指導観（PTT）の見直しを交流することで，ビジョンと意図を組織的に共有することである。ストーリーテリングの手法を用い，他者の視座でものを見た上で，自分の既成概念を崩壊させ，「私（我々）は何者か」「私（我々）のなすべき事は何か」という源（ソース）につなげる。

本研修プログラムでは，①自律的な学習者育成の理論（自己調整学習）についての教師の学びと，②生徒の内面と行動の構造のデータ共有，③それらを踏まえた個々の教師の省察と教師相互のストーリーテリング（組織的省察）を通して，個々の教師の省察の深化を促し，組織としてのビジョンと意図を共有することを構想した。以上のように，U理論の枠組を援用して，第4層の具体的な指導行動の変容を生み出すために，自律的な学習者育成のための条件の認知（第3層の「知識・指導スキル」）から，これまでの指導の在り方を組織的に省察することを通して，第2層の「指導観」を問い直し，スパイラルなマルチループ学習を具現化することを構想した。

3　実践研究の展開

(1)　実践研究校の概要

実践研究校は，県庁所在地中心部に立地し，全日制生徒数545名，創立100年を超える伝統ある公立高校である。進学実績等の低迷期を経て，現在学校改革に取り組んでいる。研修会実践は令和4年1月下旬に実施した。

(2)　反転学習の機能（変曲点(1)保留）

教科を超えた指導観（PTT）について俯瞰的に捉えるとともに，これまでの教師主導型の指導観（PTT）の問い直しを促すために，「自己調整学習」研修動画5本（自己調整学習とは，3要素3段階，動機づけ，学習方略，メタ認知）を筆者が1本5分程度で作成し，研修会1ヶ月前からYouTubeで公開した。

(3)　生徒データ共有の機能（変曲点(2)視座を転換する）

生徒の学びや生活の行動的な問題や課題にとらわれた教師の省察の深化を促すために，生徒の学びや生活の行動と内面の構造を筆者が可視化した。生徒のアセスメント・アンケートは全生徒を対象とし，令和3年11月に，スタディサプ

リのオンラインアンケートに解答する形式で実施し，545名中478名の回答を得た（回答率86.6%）。久我（2014）の質問項目を一部援用し，学習面では自己調整学習に関する項目を設定し，11カテゴリ84質問項目とした（**表**）。

　調査質問84項目について，観測変数をあらかじめ設定した「自己調整学習」「学習時間」「自己信頼」「他者信頼」「クラス」「生活規範・傾聴」について，IBM SPSS Statistics Ver.25を用いて因子分析を行った（α係数 =0.973）。因子分析結果を基に各潜在因子をサブカテゴリ観測変数最上位で構成した（メタ認知ならば予見，遂行，自己内省の各最高位で構成する）。これら因子について，共分散構造分析ソフト IBM SPSS Amos Ver.24を用いて共分散構造分析を実施した（**図2**）。モデル適合度の指標は CFI=0.957，RMSEA=0.049であり，概ね説明力のあるパス構造図であると言える。この構造図から研究実践校の特徴として，潜在変数「教師信頼」から生徒の自己調整学習の指標である「動機づけ」「メタ認知」「学習方略」に向けてのパスがないことが見いだされた。教師の指導が，直接生徒の自律的な学びに影響を与えていない構造について，本研修プログラムで情報提供し，教師の「視座を転換する」ための検討材料として用いることとした。

⑷　組織的省察の機能（変曲点⑶手放す，変曲点⑷迎え入れる）

　教師の指導の結果を反映した生徒の学習意識，教師信頼等のデータを共有することで，自律的な学習者育成と自身の指導の在り方の「ズレ」の認知を個々の教師に促すことを構想した。さらに，生徒の実態と教師観（PTT）の指導の在り方についての組織的な省察の場を設定し，自律的な学習者育成とそのための教師の在り方について教師相互で意見交流し，教師の「信念・価値観」の問い直しを促すことを構想した。その際，省察を深化させ，求められる価値を抽出するために，個々の教師の価値ある体験を語り合うストーリーテリングの手法を用いて展開した。具体的には，まず初めに個人ワークとして，生徒の内面と行動の構造図を題材に動機づけ（勇気づけ）・学習方略（学び方）・メタ認知（目標設定）に関わる成功体験をできるだけ多くワークシートに書き出し，ストーリーとしてまとめる。次に，校務分掌・年齢・教科が重ならないように設定したグループワークとして，iPad を用いて成功体験を GoogleJambord 上の付箋に貼り付け，成功体験のストーリーを語り，他者の視座で成功体験を傾聴し，コメントをつなぎストーリーを広げる。全ての成功体験へのコメント

表　生徒アセスメント・アンケート質問項目（抜粋）

潜在変数	ラベル	質問枝
学習時間	平日学習時間	平日は、学校の授業時間以外に、1日あたり平均するとどれくらいの時間勉強をしていますか。（宿題、塾なども含む）
	休日学習時間	休日（土・日曜日や祝日）は、1日あたり平均するとどれくらいの時間勉強をしていますか。（宿題、塾なども含む）
生活規範	清掃	私は、学校をきれいにしようとする気持ちをもって掃除をしている。
	健康管理	私は、健康管理を意識して規則正しい生活を送っている。
	挨拶	私は、心が通うあいさつをしている。
学習方略	リハーサルと記憶	私は、さまざまな手段を用いて、学習内容を覚えようと努力している。
	環境構成	私は、学習しやすい場所を選び、集中できる環境を整えて学習している。
	進捗自己評価	私は、学習の進捗状況（進み具合）を確かめながら計画的に取り組んでいる。
メタ認知	遂行に集中	私は、将来の夢の実現のために学習方法をイメージでき、集中して取り組めている。
	自己指導	私は、将来の目標の達成に向けた学習計画表を立て、継続的な努力ができている。
	過程モニタリング	私は、学習の進捗状況（進み具合）を自分で観察し、コントロールできている。
動機づけ	想像方略	私は、進路目標を達成した自分をイメージすることで、学習意欲を高めている。
	結果の自己調整	私は、定期テストや模試の結果が良かったときに、ご褒美を用意している。
話を聞く	大切に聞く	私は、人の話を大切にして聞いている。
	傾聴	私は、自分の考えにとらわれずに人の話に耳を傾けて聞くことができる。
クラス規範	クラス美化	私のクラスは、学校をきれいにしようとする気持ちをもって掃除をしている。
	クラス学習環境	私のクラスは、学習に真剣に取り組む雰囲気ができている。
	クラス挨拶	私のクラスは、心が通うあいさつをしている。
クラス信頼	クラス信頼	私のクラスは、お互いの良いところを認め合うことができる。
	クラス受容感	私のクラスは、できないことや分からないことがあっても否定されない
	グループワーク	私のクラスは、話し合い活動では、誰でも進んで意見を発表することができる。
自己信頼	発信努力	私は、意見を述べる時、相手にわかりやすく伝えようとしている。
	有用感	私は、人の役に立つ人間になりたいと思う。
	利他意識	私は、困っている人がいれば、手助けすることができる。
他者信頼	友達受容	困ったことがあっても、教えてくれたりする友達がいる。
	保護者受容	私の家族は、一緒にいると安心できる。
	包み込まれ感	私は、周りの人（家族、友だち、先生）から認められている。
教師信頼	教師受容	本校の先生は、私の気持ちや思いをよく受け止めてくれる。
	教師導き	本校の先生は、勉強や生活できちんと指導してくれる。

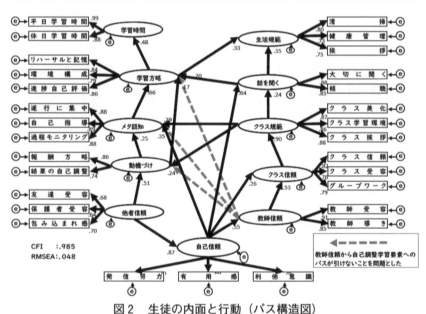

図2　生徒の内面と行動（パス構造図）

CFI ：.985
RMSEA：.048

教師信頼から自己調整学習要素へのパスが引けないことを問題とした

終了後に同種類の付箋をグルーピングし，新たなストーリーを構成し，指導の再構成・指導論の問い直し・教師としての在り方など源（ソース）につながる結論を導くことを目指した。教師主導に傾斜した指導の中にあっても，生徒の自律的な学習を生み出した経験を抽出し，交流することで指導の質的改善に向けた未来志向の議論が展開されるように設計した。なお，観察は筆者が実施した。

4　結果と分析：個々の教師の指導観の転換に関する分析

⑴　「保留する」〈反転学習の効果〉

研修会は30名参加（参加率55.6％）で全員の動画視聴を確認した。反転学習の効果については研修会後のアンケート（無記名式有効回答数30名，以下すべて同じ）で，「自己調整学習の３条件について理解が進んだ」では，肯定的意見が83.3％であった（肯定的意見とは，よく当てはまると少し当てはまるを足したものである。以下同じ）。「反転学習は研修内容の理解を促す研修を通して良いと感じた」では，肯定的意見が86.7％であった。「何度も動画を見直すことで理解につながった」等の感想もあり，動画を活用したことも認知レベルの刺激に一定程度有効に機能したことが確認された。

⑵　「視座を転換する」〈生徒データ（生徒の内面と行動の構造図）共有効果〉

生徒データ共有効果については，研修会後のアンケートにおいて「自校生徒の内面と行動」について理解が進んだでは肯定的意見が63.4％であった。パス構造図を使った説明は研修内容の理解を促すのに良いと感じたでは，肯定的意見が65.5％であった。この２つから肯定的にパス構造図による新しい視座の提供が一定程度なされたと考える。また，研修会後の参加者全員を対象としたアンケートの自由記述から，「構造図の中で教師信頼から自律的な学びの有効なパスが見つけられなかったことについては正直驚いた」「まだ納得いかない部分もあるが，改めて考え直す必要がある」等，パス構造図を通した教師の指導と生徒の受け止めとのズレを可視化することにより，これまでの自身の指導の在り方を見直すことに葛藤を感じる教師（否定層）を含めて，自身の指導の在り方を問い直す刺激となっていたことが確認された。視座の転換を促すのに機

能したことが確認された。

(3) 「手放す」「迎え入れる」〈組織的省察の効果〉

　組織的省察の効果については，ストーリーテリングの交流を通して，教育的な価値に基づく教育の在り方を捉え直すことで，個人として，組織としての指導観の問い直しがなされたかを検証した。研修会後のアンケートにおいてグループワークは研修内容の理解を促す方法として良いと感じたでは，肯定的意見が76.7%であり，組織的省察が学校組織に適合したことが確認された。組織的省察を通して「組織的な取り組みの必要性を感じた」では肯定的意見が90.0%であった。個（自分）としての観の問い直しに留まらず，自校の生徒の自律的な学びを生み出すためには，組織的な取り組みが必要と感じる教師が9割に達した。ストーリーテリングは，実践研究校の生徒の内面と行動の構造図において，生徒の「教師への信頼」から「自律的な学び」への有意なパスが抽出されなかったことについて「グループ学習や問題解決学習に力を入れ，自分たちはある程度できると思っていたが，生徒のアンケートからできていないこと」や「自己調整学習って研修動画で勉強してみて，これまでと違った見方がいる」等の意見が交わされた。実践研究校の特徴として抽出されたこの結果について，組織的省察の中で話題となり，これまでの知識伝達に傾斜した指導を捉え直す必要性を語る意見や，生徒の内面への勇気づけ（「動機づけ」）を含めた「自律的な学習者」を育む教育の必要性を語る意見が出し合われた。その際，反転学習として設定した「自己調整学習」の知見により，生徒自身が「目標設定する」ことの必要性や「授業における目標の明確化」等の意見が交流された。具体的には「初めに進路と授業との関連をワークシートで指導し目標を明確にする」や「授業ではスモールステップでの目標設定が大事」という発言がなされ，教師自身の指導観（PTT）の問い直しが促され，自律的な学習者育成の指導へと転換する必要性が語られた。各自の体験を語り合い互いの意見を重ねる中で，自律的な学習者育成の基底要因として「自己信頼」が位置づいていることと，自校の生徒の家庭環境等の実態を踏まえながら，教育的愛情と教師との信頼の必要性に，教師の省察が収斂され，深化していく過程が確認された。目に見える生徒の学びや生活の姿の背景にある生徒の「自己信頼」やこれを支える教師からの「勇気づけ」や「教育的愛情」へと深化し，これはストーリーテリングの手法が一定程度機能したと考えられる。生徒の根源的な課題を踏ま

え，「継続は大事」から「継続は情熱によってなされる」にストーリーがつながり，「生徒には指導が大事といろいろ細かいことも言ってきたけど，褒めてあげることと，それをずっと続けることが大事だと改めて思った」と生徒をポジティブに見ようとする意見へとシフトした。このことから指導観の問い直しが促され，最終的に，生徒の「自己信頼」を育み，生徒の自律的な学習を促し，本来の能力を引き出すためには，「教育は愛である」との結論を導くに至り，グループメンバー全員の同意を得ることとなった。

5　本研修プログラムの効果に関する考察

⑴　本研修プログラムの機能と効果

　教師の指導観（PTT）の問い直しを促すために，「反転学習」と「生徒データの共有」，さらに「組織的省察」を組み合わせた。その効果について，①「自己調整学習」の理論の学び（「知識・指導スキル」レベル）を通して，これまでの自身の指導の在り方を問い直す必要性の自覚化が進められたこと。②教師の指導を反映した生徒データを共有し，自己調整学習の反転学習と結びつけながら教師自身の指導観の問い直しが促されたこと（「指導観」レベル）。③組織的省察の中で，個々の省察を交流することを通して，組織として求められる指導の在り方へ議論が及び，生徒との信頼関係の再構築と，そのために教師としての「使命感や教育的愛情」の必要性が確認・共有された。具体的には，生徒の自律的な学びを実現するために，生徒自身が自らの目標をメタ認知し，目標達成のための学習方略を工夫できるように，教師はファシリテーターの立場へと役割意識の転換が一定程度促されたことが確認された。U理論に基づき，これまでの指導の規範を問い直し，未来のあるべき姿を描いて未来から現在を創造していくための校内研修のプロセスの有効性が一定程度確認された。

⑵　本研修プログラムの限界と今後の課題

　一方，本研究の限界として，「分析図は正しいと思うがなんとなく納得がいかない。自分がやってきたことが正しくないと言われるのは抵抗がある」等の変わりにくい教師の指導観の特徴も確認された。指導観の転換は，これまでの自身の指導観を自ら否定する側面もあり，心理的な抵抗感が増すことも安易に想像される。次代を担う新たな教育の在り方を創造する際に，これまでの知識注入型の指導観と自律的な学習者育成型の指導観の葛藤が生じることが推察さ

れる，その葛藤自体も新たな指導観を生み出していくために必要なステップであるかもしれない。このことに関しては，今後の課題として再考したい。

　本研究では，U理論を援用して，①「自己調整学習」に係る理論理解を通して，これまでの指導の在り方を「保留する」，②自律的な学習者育成と自身の指導の在り方の「ズレ」について生徒データを用いて認知を促すことで「視座を転換する」，③生徒の実態と教師の指導の在り方についての組織的な省察を通して，これまでの指導規範を「手放し」，自律的な学習者育成とそのための教師の在り方を「迎え入れる」ことで，指導観の捉え直しが一定程度具現化された。今後，U理論の5～7段階目にあたるビジョンと結晶化，プロトタイピング，実践，と一連の動きを可視化し，組織変革の内実を明らかにすることが課題として指摘される。また，このような①新規の理論認知，②生徒データに基づく求められる指導の可視化，③組織的省察を通したこれまでの指導規範の問い直し，新たな指導観の創造，というU理論を通した段階的省察の深化促進の在り方は，今後の研修設計に活かされる可能性がある。今後，授業の在り方，生徒指導の在り方等，これまでの指導規範を問い直し，新たな指導観を組織的に創造する校内研修を設計し，開発することが課題である。

［引用文献一覧］
- ・C・オットー・シャーマー著，中土井僚・由佐美加子訳『U理論［第二版］―過去や偏見にとらわれず，本当に必要な『変化』を生み出す技術』英治出版，2017年。
- ・古川久敬『構造こわし―組織変革の心理学』誠信書房，1990年。
- ・自己調整学習研究会編『自己調整学習―理論と実践の新たな展開へ』北大路書房，2012年。
- ・梶田正巳・石田勢津子・宇田光「『個人レベルの学習・指導論（Personal Learning and Teaching Theory）』の探究―提案と適用研究」『名古屋大學教育学部紀要（教育心理学科）』第31巻，1984年，51-93頁。
- ・久我直人「教師の組織的省察に基づく教育改善プログラムの理論と実践：『教師の主体的統合モデル』における組織的教育意思形成過程の展開とその効果」『教育実践学論集』第14巻，2013年，1-15頁。
- ・久我直人「中学生の意識と行動の構造に適合した教育改善プログラムの開発的研究：教育再生のシナリオの理論と実践」『教育実践学論集』第15巻，2014年，39-51頁。

Developmental Research on an In-school Training Program for Teachers to Rethink Their Perspective about Teaching: Using Theory U

Norihisa Motozawa

(The Joint Graduate School in Science of School
Education Hyogo University of Teacher Education)

In this age of volatility, uncertainty, complexity, and ambiguity (VUCA), it is essential to foster students who can think independently. However, we have not trained students sufficiently to recognize and solve problems on their own because many teachers only use rote learning in classrooms. In this study, we encouraged teachers to reconsider their views on teaching and develop teacher training to help them foster students who can think independently. We facilitated this process by reexamining traditional rules and using Theory U, which allowed us to create the present by imagining an ideal future. On the basis of this theory, we created a hypothetical school training program, which comprises understanding a new value (the theory of "self-managed learning"), sharing students' data to encourage teachers to reconsider their views on teaching, and interacting with other teachers.

Subsequently, we introduced this program to a pilot school. The results indicated that (1) studying the theory of "self-managed learning" can lead teachers to realize the necessity of fostering students who can study independently (the "knowledge and teaching skills"level); (2) sharing students'data, that reflects the style they are taught, and connecting it to "flipped learning" with self-regulated learning can lead teachers to reconsider their views on teaching (the "teaching view" level); and (3) interacting with other teachers can allow them to share their experiences and confirm the necessity of "affective education" to foster students who can think independently (the "sense of mission and affective education" level).

シンポジウム
「ウェルビーイングと教育経営の在り方」を考える
―新時代の学びと子どもの発達の支援に向けて―

　本シンポジウムは「ウェルビーイングと教育経営の在り方」を考える―新時代の学びと子どもの発達の支援に向けて―」と題して，2023年6月3日に開催された。ウェルビーイングに到達するためには，公正，多様性の尊重，共生といった概念と実践が接続することが必要である。学校が温かい場所となること，子どもが通いたい，学びたい場所になること，教育の機会を保障することは今日の重要な課題である。本シンポジウムでは教育経営学の観点から，この主題が論究された。報告①では，さいたま市教育長（当時）の細田氏から，「学校教育におけるデジタルトランスフォーメーション（DX）の展開とウェルビーイングの実現―「未来をつくる」ための自治体の教育施策と学校・教室の新たな学び―」が報告された。報告②では，NHKディレクターの山浦氏から，「学校に関わる人々の可能性を最大化する教育実践とウェルビーイング―不利な状況の子どもを支援する各地の多様な教育実践を取材して感じたこと―」が報告された。その後，実践者の立場から茗溪学園長の田代氏，研究者の立場から篠原会員が指定討論を行った。全体を通して非常に活発で充実した議論が展開した。

報告①　学校教育におけるデジタルトランスフォーメーション（DX）の展開とウェルビーイングの実現―「未来をつくる」ための自治体の教育施策と学校・教室の新たな学び―　　　　　　　　　　細田眞由美

報告②　学校に関わる人々の可能性を最大化する教育実践とウェルビーイング―不利な状況の子どもを支援する各地の多様な教育実践を取材して感じたこと―　　　　　　　　　　山浦　彬仁

指定討論①　実践者の立場から　　　　　　田代　淳一

指定討論②　研究者の立場から　　　　　　篠原　岳司

総括　　　　　　　　　　　　　　　　　　佐藤　博志

　　　　　　　　　　　　　　　　　　　　柏木　智子

報告①

学校教育におけるデジタルトランスフォーメーション（DX）の展開とウェルビーイングの実現
―「未来をつくる」ための自治体の教育施策と学校・教室の新たな学び―

前さいたま市教育委員会教育長　細田眞由美

1　はじめに―さいたま市の教育―

　さいたま市は，合併後22年，政令指定都市になってから20年目を迎える若い自治体である。交通の要衝，災害に強いという2つの優位性と，教育，環境，健康・スポーツの4つの強みを掲げ順調な発展を見せている。特に人口は，合併後毎年約1万人ずつ増加し，2023年4月には134万人を突破した。

　人口増加の要因を詳細に見ていくと，子育て世帯の人口流入という社会増で，0歳から14歳の転入超過が8年連続日本一である。住宅情報誌の調査によると，子育て世帯が本市を選択した理由は，本市の特徴である「通勤アクセスの良いエリア」（立地の優位性）よりも，教育環境の良さを挙げているということからも，本市の市政運営における教育の果たす役割が大きいことがわかる。

　また，小学校104校，中学校58校，高等学校3校，中等教育学校1校，特別支援学校2校，合計168校のさいたま市立学校に約10万5,000人の児童生徒が学ぶ大きな自治体ながら，全国トップクラスの学力を維持している。私は教育長就任以来，本市の児童生徒の学力における好成績の要因を分析してきたが，特に本市児童生徒の自己肯定感の高さに注目しているところである。文部科学省が実施している「全国学力・学習状況調査」の質問紙調査における「自分にはよいところがある」という項目について，肯定的に答えた本市の小学6年生と中学3年生の割合は，毎回の調査において全国平均を10ポイント程度上回っている。これは，日々の教育活動における互いを認め合うウェルビーイングな学びの環境が下支えとなり，自己肯定感を高め，いわゆる「認知能力」である学力調査にも好影響を与えていると考えている。

2　職員室が居心地の良い場所でなければ豊かな学び を提供できない

　さいたま市教育委員会は，2023年度の経営方針のひとつに「さいたま市教育委員会は，ウェルビーイングな職場を構築します。そして『学び』を通して，子どもたちと市民のウェルビーイングな環境をつくります」を掲げている。「ハーバード成人発達研究」の約700人の男性を75年間追跡した研究からわかった「幸せな人生を送る秘訣」は，よい人間関係が私たちの幸福と健康を高めてくれるという調査結果を例に挙げ，多様な人々とつながり主体的に仕事に取り組むことによって教育委員会や学校をウェルビーイングな環境にするとした。つまり，ミスやトラブルなど想定外の事態に強い「信頼の文化」を作ることにより，高信頼性組織を構築しようという目標設定である。

　この方針の根底にあるものは，「職員室が居心地の良い場所でなければ，児童生徒に楽しく豊かな学びを提供することはできない」という考え方である。

　また，さいたま市立中学校では，全校で「校則見直しプロジェクト」に取り組んでおり，生徒たちが生徒たちの手で自分たちの学校を居心地の良い場所にしようとしている。このような主体的な取り組みこそ，ウェルビーイングの実現につながるのではないかと考える。

3　不登校等児童生徒支援センター（Growth）の開設

　2022年4月にスタートした，本市の不登校等児童生徒支援センター（以下 Growth）は，「いじめなどによる不登校や貧困，障害などで学びにつながらなかった若者を対象とする特別な教育制度のようなものを作ってほしい」という一通の手紙から始まった。差出人は，中学時代の不登校を経て，当時私が校長を務めていた高校に入学したY君だった。彼は，中学校で理科部の部長として「科学の甲子園ジュニア大会」で全国大会に出場するなど，理数の才能にあふれる生徒だった。しかし，いじめなどで不登校となり，自己推薦制度で高校に入学したが，体力と気力の限界から半年で退学した。そして6年の時を経て2021年7月に届いたこの手紙は，「私はまた勉強がしたいです」と締めくくられていた。

　2020年度の全国の不登校児童生徒は，19万人を超えた。さいたま市立学校の

児童生徒も，その数1,400人。本市には，各校の不登校支援の場「さわやか相談室」に加えて，6か所の教育相談室と学習支援センターがあり，不登校児童生徒の多くがそこで相談したり学んだりしている。フリースクールに通っている児童生徒も100人を超える。しかし，どこにもつながっていない子どもたちが400人程度いる。私たちは，誰一人取り残さず学びにつないでいこうと決心したが，わずか半年で Growth の開設準備をせざるを得なかった。場所は間借。職員は4名。予算は，通信費と消耗品費程度。しかし，カリキュラムは工夫した。GIGA 端末を使いオンラインによる，ホームルームや昼食会，学びのきっかけづくりに主眼を置いた授業，EdTech を活用した個別学習，子どもと保護者との個別相談，対面での，校外学習，農業体験等も計画した。

2022年4月の開設時には，まずは，一人でも二人でもと考えていたが，2か月で96人，そして2022年度末には200人を超える子どもたちが Growth につながった。最初は，顔出し声出しもできず，専らチャットでのコミュニケーションだったが，少しずつ本当に少しずつ，声が聴けるようになり顔が見られるようになった。初めての体験活動「プラネタリウム学習」には，27人が参加した。「今回は，挨拶もできなかったが，次は，自己紹介をしたい」という参加者の声に心が震えた。

こうして，私たちの「誰一人取り残さない」学びへのチャレンジは始まったが，2022年度の Growth の取り組みを経て，子どもたちには一人ひとりに最適な学びが必要であることを痛感した。そこで，2023年度は，2D メタバースを活用した学びの空間を作り出し，Growth に参加するすべての子どもたちへ「個別の学習計画」による学びの提供を可能とした。現在，さいたま市教育委員会では，この Growth の取り組みを発展させ，2026年を目途に，都市型の義務教育向け「不登校特例校」の開設について議論を進めている。

4　まとめとして—学校教育におけるウェルビーイングの実現—

学校教育におけるウェルビーイングの実現には，教職員が教育のプロフェッショナル集団として自立したチャレンジャーであることと，同時に児童生徒が自立した学習者であることが求められると考える。つまり，学校という空間に集う，授業者である教師にも，学習者である児童生徒にも，そこで営まれる教育活動に対し，居心地の良い空間を作るために皆が当事者意識を持つ，エイ

ジェンシーが必要であるということである。そういった意味で，学校においては，大人の姿と子どもの姿が相似形であると言えるのではないだろうか。

　さいたま市教育委員会は，これからも「今，ここ」にあるファクトを掴み，一人ひとりのウェルビーイングのために，教育経営に全力を尽くしていく。

学校に関わる人々の可能性を最大化する教育実践とウェルビーイング
―不利な状況の子どもを支援する各地の多様な教育実践を取材して感じたこと―

NHK 第 2 制作センター〈社会〉ディレクター　山 浦 彬 仁

1　はじめに
―「アンコンシャスバイアス」の見直し―

　誰もが情報発信をし，動画配信サービスの隆盛であらゆる映像が容易に手に入る時代。かつてないほどテレビの存在意義は揺らいでいる。しかし私たちは，戦争や気候変動，生成AＩの驚異的な進化や産業構造の急激な変化など，未来を予測することが難しい「不確実性の時代」に生きている。そしてジェンダーや家族規範，働き方から死生観に至るまで，これまで自明に「善」と信じられていた価値観の正統性が揺いでいる時代でもある。これまでの「無意識の思い込み」＝アンコンシャスバイアスから「新たな価値」に基づいた社会規範や制度設計が求められてくるだろう。私は番組制作を続ける中で，教育のアンコンシャスバイアスによって子どもが社会的に排除されている状況を目の当たりにしてきた。教育のアンコンシャスバイアスを自覚することが，不確実性の時代の中で求められる新たな教育を考える手がかりになると考えている。

2　ETV 特集「すべての子どもに学ぶ場を～ある中学校と外国人生徒の歳月～」について

　教育のアンコンシャスバイアスが子どものウェルビーイングを阻害していることを目の当たりにしたのは，2020年に制作したETV特集「すべての子どもに学ぶ場を～ある中学校と外国人生徒の歳月～」での取材だった。2000年以降，製造業の工場が集積する岐阜県可児市の蘇南中学校では，日本語を母語としない日系ブラジル人生徒が急増した。週に１度の適応指導教室の指導以外に合理的配慮がされた教育は何も無かった。そのため，来日したばかりの生徒にとって日本の中学の授業についていくことは容易ではない。義務教育段階であって

も自主的に退学し（外国人に就学義務は課されていないため退学を迫られることも多かった）工場で働く子どもたちもいた。なんとか学校に通い続ける生徒も，授業中に騒いだり，日本人生徒との間のトラブルも頻発。ついには，外国人生徒が「学校にいる間は親の付き添いが必要」という指導がなされた。そして2001年，当時の校長は外国人生徒に対して1枚の通知を出した。「ブラジルと日本の考え方のちがいはあるだろうが，ここは日本である。日本の学校である」「真面目に勉強できないのであるなら，学校にきてはいけない」という通知である。この通知を出した元校長に話を聞くと「はっきり言うと学校の先生方のお荷物でしかなかった。だから生徒指導の問題とか，授業の進め方の問題とか。彼らがいることによって日本の子どもたちの勉強の妨げになる」と語った。2000年代においては子どもの教育を受ける権利よりも，「授業の妨げになる子どもは，学校から排除されてもやむなし」というアンコンシャスバイアスが学校現場にはあったのだ。その後，この校長はたびたび問題を起こしていた外国人生徒に「校長先生，漢字を教えて下さい」と請われる中で改心。当時の教育委員会の反対も押し切って蘇南中学校内に，外国人の生徒のために日本語を一から学べる特別教室（国際教室）を設置して支援に乗り出した。現在，可児市は，外国籍の子どもの教育保障を充実させた先進モデルとして全国からも視察が絶えない。

3　ETV特集「さらば！ドロップアウト～高校改革1年の記録～」

　義務教育以上にシビアなのが高校だ。高校は欠席や成績不振が続くと単位認定がなされない。そのため本人の「怠け」よる退学や単位不認定は当然の帰結として社会的排除を生んでいた。2022年4月放送のETV特集「さらば！ドロップアウト～高校改革1年の記録～」では，全校生徒約900人の3部制定時制高校・東京都立八王子拓真高校の現場を取材した。全校生徒のおよそ3割は不登校経験があり，外国ルーツの生徒，近年では特別支援学校高等部の選抜で不合格になって入学する生徒など，多様な背景を持つ生徒が登校している「課題集中校」の一つとも呼ばれている。多くの生徒が小中学校で挫折経験があるため，再チャレンジを目指して高校に入学する。2020年以前は例年70人前後が出席不足や課題の未提出などによって転退学を余儀なくされていた。磯村元信元校長によると，転退学を迫られた生徒に関する，生徒所見欄には「怠惰」の

2文字が記録されていた。一人ではなく数多くの生徒が「怠惰」だった。しかし，怠惰とは大人の一方的な子どもの見方に過ぎないのではないだろうか。怠惰の背景には本人の努力だけでは及ばない様々な理由や原因があるのではないか。磯村元信元校長は，教員に指示したのは生徒所見に「怠惰」という言葉を無くすこと。高校は義務教育ではない。それゆえに教師の間には「資格」がある者だけが高校で学べるという志向「適格者主義」が根本にあるというのが磯村元校長の言い分だ。結果，単位認定に至らない生徒には本人の自己努力不足である「怠惰」という烙印が押され，高校教育からの排除が是認されていた。その怠惰という言葉によって隠された本人の発達などの特性はないか。家庭の事情など自己努力ではどうしようもない事情があるのではないか。そこで「排除ではなく配慮を」というかけ声の下，高校改革が取り組まれた。出席ができない生徒に対してはオンライン授業，家庭の困窮で出席が難しい生徒には八王子市内の子ども食堂と協働して食料配布，さらにはヤギの飼育や農作業などを通じて子どもの居場所を作るなど，旧来の高校の枠組みを超えた支援を開始した。その結果，中退者を4割減らすことに結びついた。

4　子どものウェルビーイングを第一に据える学校に必要な視点は？

　今，家にも地域の中にも居場所がない子どもが増えていると言われている。2000年代，可児市の外国人の子どもの親が昼夜工場で働く中で，一人家に取り残された子どもは非行集団となり犯罪に手を染めた。八王子拓真高校に通う高校生の中にも家には帰れない生徒が複数人いた。こうした生徒たちにとって学校は確かな居場所だ。居場所とは，建築家・延藤安弘の定義に基づくと「時間・空間・仲間」の「サンマ」（三つの間）を指す。この「サンマ」を新たにデザインすることが，新たな学校づくりにつながるのではないだろうか。例えば今，学校にいる大人の多くは子どもにとって「指導する大人」しかいないが，近年では校内居場所カフェのような取り組みによって，対等に付き合うことのできる地域の大人との出会いの場がデザインされている取り組みも増えている。フランスではエデュケーターという子ども支援の専門職が国内6万人配置されている。教員の働き方改革への対応も急を要する中で，果たして学校にいる大人の多くが先生だけでよいのか？という自明を疑うことも必要だろう。

　人のウェルビーイングとは，国連が毎年世界で行っている「世界幸福度調

査」によると，「社会的関係性」「自己決定感」「寛容性」「信頼感」の四つの主観要素によって成り立っていることが説明されている。この四つの要素とは，まさに学校のアンコンシャスバイアスが凝り固まっていた部分でもある。こうした視点に立ったとき，日本の学校改革の余地は大いにあるとも言える。これからも日本各地で子どもの幸せに向けた新たな教育実践が生まれることを確信している。

5　まだ言語化される前の「子どもの声」をも，映像は雄弁に語る

　日本全国で今後生まれるであろう子どものウェルビーイングをより向上させる教育実践。是非こうした実践を映像メディアで紹介させて欲しい。話を聞けば記事ができるペン取材よりも映像メディアの取材を受けるのは，受け入れる側にも大きな負担をかけてしまうことは否定しようのない実情だ。ましてや個人情報保護が第一の時代の中にあって，取材を受けるだけでも大きなリスクとなり得るかもしれない。さらに子どもの変化を伝えるためには中長期間の時間を取材し続けることも求められる。こうした「学校」取材に対するハードルの高さもあってか，学校にまつわるドキュメンタリー番組は年々減少の一途をたどっている。しかし不確実性の時代の中にあって「善い教育とは何か」を巡って価値と価値がぶつかりあう時代の中にあっては，より映像メディアの力が民主主義の発展のために求められている。なぜならば教育を議論するのは大人の「論」だけでなく「子どもの声」を伝えることが大事だからだ。いや子どもの中のまだ言語化されていない言語化以前の言葉さえも，表情は雄弁に語る。声にならない声を伝えることができるのは映像メディアの力だ。テレビは今後のあり方を巡って大きな岐路に立っているが，私は公共放送で働く一人であり続ける限り，子どもと学校に関わる人々の可能性を最大化する映像メディアのあり方を模索していきたいと願っている。

指定討論①

実践者の立場から

茗溪学園中学校高等学校　田　代　淳　一

1　私の経歴

　実践者としての私の教師歴を紹介する。私は1984年筑波大学大学院を修了後，神奈川県立X高等学校の教諭を4年間務め，1988年から茗溪学園中学校高等学校に教諭として勤務，同校の校長を2015年から6年間務め，現在同校の学園長としての立場にある。と同時に，同校高校部の国際バカロレアコースでChemistry の授業と中学部のアカデミアコースの化学の授業を担当している。院生の非常勤講師時代も含めると中高現場の経験は41年目になる。

　ウェルビーイングをこれからの子どもの学びの大切な理念として掲げ，実践を見直すというテーマに，実践者としての立場からコメントを試みる。

2　NHK ディレクター山浦彬仁氏の報告から

　現代日本社会の深層を鋭い感覚と視点でとらえ，映像として公共に発信する山浦彬仁氏の報告は，現場の無意識を塑像する。「学校のルールが排除を生み出している」という報告の「なぜ高校では中退を是認しているのか」「高校だけが頼りという子どもが中退する」という問いかけと指摘，その回答ともいうべき都立高校の事例報告にはウェルビーイングを教育経営の普遍的理念と考え実践していくうえで重要な視点が含まれている。それは，現場を率いるリーダーとスタッフの意識の問題である。山浦氏が看破した高校現場のアンコンシャスバイアスをよく自覚し，その理不尽さを自らの職権で少しでも解消しようとするリーダーと，その認識に共感し行動するスタッフの存在が生徒のウェルビーイングを向上させる実践に重要である。都立高校の事例報告だけでなくクローズアップ現代「コロナ禍の高校生〜ルポ課題集中校」で報告された神奈川県立高校の事例からも感じられる視点である。というのも，私の初任校である神奈川県立X高校は，この事例校と同学区でほぼ同様の位置づけにあった「教育困難校」であった。当時からすでに生徒の家庭が崩壊していたり，夜自

宅には誰もいない，食事も用意されないという環境にある生徒が多かった。高校レベルの授業は実施できず，停学者・中退者も多く出ていた記憶がある。そのような状況の中，この生徒たちを何とかしようという意識をもった教員の集団が素晴らしかった。からだを張って生徒にぶつかり，価値観を語り，生きていくうえで大切な考え方を伝えていた。彼らの影響を受け，私も新任教員ながら昼休みは化学実験室を開放して弁当のない生徒たちと食事をつくり，授業を教科書を使わずに生きていくうえで役に立つ「実験」に切り替え，欠席がオーバーしそうな生徒はパチンコ屋に探しに行ったり家に起こしに行ったりした。このような，「ルール」に沿わない「実践」を管理職は黙認してくれていた。プロ教師たちと夜遅くまで語り合って，生徒の現実の受け止め方を学んでいることも容認してくれていた。たぶん，現在も国内の多くの高校で似たような実践が行われていると想像する。そこには，学校を率いるリーダーとスタッフの「ルールよりも生徒を排除しない意識を重視する」意識があるに違いない。

3　前さいたま市教育委員会教育長細田眞由美氏の報告から

　細田氏の報告は，教育組織リーダーが高いウェルビーイング意識をもち，共感したスタッフがそれを支えて成功する見事な例である。それは，教師と児童生徒の両面に視線を注ぎ，職員室を居心地の良い場所にすることと児童生徒に楽しく豊かな学びを提供すること両方を実現することが結局理念に近づく最短距離であることを示した素晴らしい取り組みである。公立教育の多様性を意識し，教育 DX を有効なツールとして全方位に配慮する方向性も，今後の学校教育の進路を導くものであろう。

　私の勤務する茗溪学園は東京高等師範学校から筑波大学に続く同窓会茗溪会が設立した教育実験校であるが，3 年前からいわゆる働き方改革に取り組んでいる。週 6 日制を週 5 日制に変更し，勤務時間をタイムカードで記録，残業代は支給，休日業務は極力無くした。部活動も外部指導者を多く活用し，会議も極限まで削減している。現在，さまざまな教育実験を試みているが，その試行錯誤を支える教師たちの時間的・体力的・精神的な余裕の確保が教育実験の遂行に大変重要であることを痛感している。教育 DX を用いて教員間・教員と生徒間との連絡等にかかる手間の削減も非常に大きな効果を生んでいる。

4 最後に：国際バカロレアの教育理念について

　私の勤務校は高校部に国際バカロレア IB のディプロマプログラム DP の
コースをもつ IB ワールドスクールであるが，ウェルビーイングの理念と IB
の教育理念はとても親和性が高い。山浦氏のレポートにあるように，日本の学
校教育の最も深刻な，現実的な問題点は，認知能力の獲得のみを重要な教育指
標とし，それが苦手な子どもを切り捨ててきたことにある。IB の教育は，子
どもが学ぶうえでウェルビーイングのもととなる大切な，人との関わりや，お
互いの違いを認め合うこと，共感し尊重しあうこと，自分の考えをもつことに
勇気をもつこと，自分が学んだことを振り返ること，などを認知能力の獲得と
同じくらい重視する。人間が成長するステップを大切にするので，教師すらも
生徒と一緒に学習者として成長するという位置づけである。したがって，教師
は安心して学びの指導に向かい合える。また，生徒が学びの主導権をもってい
る。これが非常に大事なことである。教育経営の参考になるのではないだろう
か。

指定討論②

研究者の立場から

北海道大学　篠原岳司

1　ウェルビーイングを取り上げる上での検討課題

　第一に，従来の概念との対比及び吟味の必要性である。日本の教育学及び教育経営学においてウェルビーイングが示す価値や理念，考え方が議論されてこなかったかと言えばそれは違うだろう。言うまでもないが，教育人権論は第一に自然権としての人権概念を前提とし，社会権として教育権のみならず学習権，自由権としての保障の重要性を論じてきた。教育人権はこれらを統合的に把握し構成するものとして議論され，教育制度，行政，経営の各領域に対しそれを保障するシステムと実践のあり方を問うてきた蓄積がある。今日のウェルビーイングへの注目に際しても，従来議論や関連する実践との対比や吟味がないことには，それが教育経営学にとって何を新たにもたらすものかが見えてこない。

　第二に，目的的営為としての教育との衝突，矛盾への注目である。教育は目的的営為であり他者に関わり関与することである以上，それは個人のウェルビーイングの保障と衝突ないし矛盾を生じさせうる。子どもの発達要求を丁寧に受け止めそれに応えうる教育を実現することが理想だとしても，それは予定調和に成立しない。ウェルビーイングを教育経営学で捉えるならば，子どもの望みや幸福追求と社会や国家が定める子どもへの期待や目標が適合するかを批判的に問うことは欠かせない。そして，その狭間に立つ教師や多様な専門職がいかに双方を見渡し，子どもへの願いを子ども自身の願いから編み直し，ウェルビーイングの実現を束になって目指せるか，その過程に生起しうる葛藤や摩擦，矛盾に注目することが責務となろう。

　第三に，良い「関係性」，良い「社会」を問うことである。ウェルビーイングを学ぶ限り，全ては他者との関係性に帰する問題だと捉えられる。ご飯を食べてお腹いっぱいになって満足するということは当然としながらも，ウェルビーイングは良き「状態」であり，よく「ある」ということに力点が置かれる。「ある」とは，他者と認識，関係性の中で成立させられるものであり，また自

分が他者との関係の中で創るものである。したがって，その関係性，そして関係性以前の私たちの思考までを規定する「社会」をどう読み取り，そこにいかなる課題や改善点を見出してアプローチするか，それを見出すことが教育経営学としての課題となる。その点で，従来からの「公正」の追求に関わる研究及び実践の蓄積は重要であり，その発展は一つの方向性となる。

　第四に，個人の意思表明，意思把握，そしてそれらの組織化の問題である。これはいわゆる民主主義の実現課題であり，人間の主体化に向けたプロセスの問題でもある。関連する論点をあげるならば，例えば「エージェンシー」の概念がある。OECD が「エージェンシー」を使用し始めて時間がたつが，主体を subject ではなく agency（エージェンシー）と捉える哲学的追究は決して新しいものではなく，教育学でも人間の主体形成や自立と自律に関わる研究蓄積は特に学校参加や生活指導領域において膨大である。OECD 発の「エージェンシー」が社会経済的に「強い個人」の強調や「自己責任」を助長する意図を含まないとは限らないため，教育学の実践的含意や概念の発展を振り返り，ウェルビーイングの実現と矛盾しない概念であるための検討が求められる。同様に「エンゲージメント」もまた，子どもの権利条約を持ち出すまでもなく，子どもの状態や意思を聴き，理解することなしに，参加や参画のみを強調するものであってはならないだろう。したがって，第二の指摘と合流するが，子どもの意思，発達要求の表明を第一に捉え，それを努めて理解することを基礎とし，その上で子どもが望むことと社会が子どもに対し願うこととの間で，その調整や修正に関わる実践とシステムを教育経営が対象化することが課題となる。それは，民主主義のあり方を問いその発展のプロセスに寄与する意味で，子どもの主体形成や組織化の過程を支える教育経営を問うこととも関係するだろう。

2　各報告への感想・質問

　上記を確認した上で，指定討論として各報告への感想と質問を述べる。

　はじめに，さいたま市の細田氏に対して。さいたま市の教育経営方針で特に注目した点は，教師にとっての居心地の良さ，高信頼性組織の実現に向けて注力している点である。かつて担当した教員免許更新講習で高信頼性組織や心理的安全性に関わる話をしたら，多くの教師がこれまでの職場における辛かった経験を感想として寄せてきた。ウェルビーイングを主題としたときに教師の職場のあり方を問題化する視点が必要であることは言うまでもなく，教育経営学

にとって重要な問題提起でもある。

　その上で，質問は次の四点になる。第一にウェルビーイングな職場づくりのための教育行政の施策の要点について，第二に児童生徒のウェルビーイングに関する教師の捉え方や意識変容の必要性について，第三に教師の主体性（エージェンシー）の実態について，そして最後にメタバースを活用した不登校児童生徒支援センターの成果に基づき既存の学校制度に対する改革の提案があるかについて，さいたま市の取り組みを例に伺いたい。

　次に，NHK の山浦氏に対して。番組制作において一貫している「排除されてきた／されている存在」への温かな眼差しに共感を覚え話を伺った。特に八王子拓真高校の事例から見えてくる「学校のルールが排除を生みだしている」という指摘は，ウェルビーイングを理念として掲げる際に，改めて既存の学校制度，そして学校経営そのものの問い直しを要請するものと受け止める。その意味において，番組取材を通じ排除ではなく包摂する学校の具体像の提案があったことは教育経営学にとって重要な提起として捉えたい。

　質問は次の三点である。第一に，包摂の捉え方の確認である。八王子拓真高校の包摂は，生徒の多様性や違いを承認し合うところにあり，何か一つの価値やシステムの中に生徒を包み込むものとは異なっている。意思や価値の多様性や拡がりを受け止める寛容さや柔軟さとして八王子拓真高校の包摂を捉えてよいか。まずはその確認をしたい。第二に，八王子拓真高校の教職員たちが，学校が内包してきた排除の問題に気づき，自身を変えていくまでのプロセスを尋ねたい。そのプロセスにおいて，校長のリーダーシップの存在やその他の要素が存在したとすれば，その相互作用の過程は重要な学校経営実践として注目すべきである。最後に，ウェルビーイングの実現をテーマとするときに，そのような多様性を包摂する学校が生徒のエージェンシーをいかに支え，そして育むのかについて実例や可能性を尋ねたい。

総　括

筑波大学　佐 藤 博 志

立命館大学　柏 木 智 子

1　シンポジウムの意義

　本シンポジウムは「ウェルビーイングと教育経営の在り方」を考える―新時代の学びと子どもの発達の支援に向けて―と題して，2023年 6 月 3 日に筑波大学で開催された。今日は新時代の教育に向けての大きな転換点である。本シンポジウムではウェルビーイング（well-being）という理念に立ち戻って，これからの教育経営の在り方について考えることを目指した。ウェルビーイングは，救貧的なウェルフェア（welfare）との対比で，最低限度の生活保障だけではなく，個人の意思決定やニーズを尊重し，人間的に豊かな自己実現を保障する観点から形成された。教育では，身体，感情，内的な発達が，自己と他者及び環境との相互作用によって促され，個人（及び共同体）の潜在的な可能性を最大限に開花することが，ウェルビーイングの定義となるだろう。公正，多様性の尊重，共生といった理念を学校教育で具現化するためにはどうすればよいのか。報告者と指定討論者による情熱的でシャープな報告が行われた。

2　討論のまとめ

　はじめに，細田氏から，さいたま市教育委員会では，不登校の児童生徒に対してデジタルを使った学びのスペースとして，不登校等児童生徒支援センター（Growth）をつくり，成果があったと述べられた。これを，リアルとオンラインのハイブリットなかたちで，2026（令和 8 ）年に向けて都市型の義務教育向けの不登校特例校にできないかと考えていると言う。このほか，同市では，全校で校則見直しを行っている。児童生徒が自分で声をあげて，エージェンシーを発揮することが，ウェルビーイングの実現につながると捉えている。

　その後，フロアの公立小学校の校長から質問があった。質問者の勤務校では不登校がゼロで，児童と教師が居心地良く「生き生き」と過ごせる学校になっている。ウェルビーイングが具現化した学校について，放送番組等で取り上げ

てほしいという希望が示された。これに関して，細田氏より，教員がワーク・エンゲージメント（やりがい，満足度）が高い職業であることを，もっとマスコミ報道で紹介してほしいという発言があった。山浦氏から，教員のワーク・エンゲージメントの高さについて発信していきたいと回答された。

　山浦氏から，包摂概念について，報告した事例校に即して，高校の「準義務教育化」のような意味であると説明があった。高校は義務教育ではないので，どうしても，怠惰という捉え方があり，中退がある。だが，世の中では高校卒業の資格が社会参加にとって重要になっている。通信制の高校はもう少し柔軟に運営されている。「家にいても出席」という方式を取り入れて，包摂を高める必要があるのではないか。事例校の校長は「全員卒業させることが大事だ」と考えていることが述べられた。

　フロアの県立学校教員から，「学校はこうあらねばならない」という制度や慣習について，学校の運用で工夫し突破できるという指摘があった。これは学校の自律的改善を意味している。細田氏より，さいたま市では，カリキュラム・オーバーロードの問題について教育委員会と現場の校長が議論していることが紹介された。校長にはかなりの権限があり，このような議論が自律的な学校の改善につながっていくとのことである。山浦氏から，外国につながる児童生徒への教育対応について，当初から困難や課題があり，現在のような生徒を尊重した実践につながってきているとの指摘があった。関連して，司会の佐藤会員から，不登校の問題を考えるとき，発達障害の子どもについても，ニューロダイバーシティという観点から考える必要があると指摘があった。これについて，細田氏は，さいたま市では，ウェルビーイングの観点から発達障害の子どもに配慮した実践が行われていると述べた。田代氏はこれらの議論に関連する課題として，いわゆる帰国子女の受け入れの問題もあると述べた。

　フロアの公立中学校教員から，次のような質問がなされた。現行の制度の運用で対応するのはあり得る実践である。だが，通信制の高校に進学を促し，高卒の資格を授与するだけでは不十分ではないか。学校の役割として，子どもたちを社会につないでいくことがあったはずである。この点を踏まえないで，多様化だけ考えるのは不十分とは言えないだろうか。

　これに対して，司会の柏木会員より，次の指摘がなされた。アマルティア・センによると，人は長い間にわたって困窮した状態に置かれると，小さな幸せに大きな喜びを見出す努力をし，自分の願望を限定してしまうことがあるとさ

れる。そのため，教員や支援者が，社会の標準と照らし合わせてその子どもの最大の幸せを保障できるように子どもの願いや希望を後押しすることが重要である。その子どもが望まないからといってそれを多様性とみなし，後押ししないことは，多様性の名の下の放置となる。そのため，子どもの総合的なウェルビーイングを考え，社会とのつながりを広げる支援は必要である。

　フロアの研究者から，さいたま市の施策の結果，どのような教育成果や影響があったのか，校長へのフィードバックはどうだったのかという質問がなされた。あわせて，山浦氏にもアンコンシャスバイアスについてもう少し教えてほしいとの質問があった。細田氏から，ｅポートフォリオのデータを中心に，「次の学び」を例えば保護者の方と相談することが説明された。また，デジタルデータで自分の得意なことを子どもがアップロードすると，「いいね」がたくさんついて，子どもや保護者の自己肯定感が高まったという。校長へのアプローチについて，細田氏は，車座をつくり，186人の校長を10のグループに分けて，年間30回校長と対話している。その中で施策の理念を理解いただき，不満も聞いている。山浦氏から，高校中退等をめぐる研究の進展が期待された。そして，学校や教員が何をすべきで，学校ができないこと，福祉等ともっと連携する必要性があるのではないかという発言があった。細田氏から，さいたま市の不登校等児童生徒支援センターの実践を通して，児童生徒の各発達段階で社会性を育成することに貢献するという発言があった。大会実行委員長の浜田会員から，教育DXについて，素晴らしい面もあるが，個人情報やデータの取り扱いについて慎重にする必要もある，またマスコミの報道に期待するとの発言があった。

　司会の柏木会員より，次のような発言があった。学校教育の意義は格差を是正し，社会の分断を防ぐところにある。それは，誰もが認められ，他者や社会に対して基本的信頼をもち，困ったときには必ず誰かが助けてくれる，違いに意味があり，自分も社会の中で何かができる，希望をもっていいと思える関係性の多くある社会をつくっていくことで，個人の尊厳と社会のウェルビーイングを保障することを意味する。これは公正な民主主義社会の形成への学校の貢献として言い換えられるものである。公正とは，社会経済的不平等を縮小するために，公的な制度による普遍的保障，および公的機関と個々人による資源の再分配・分配を遂行しつつある状態と捉えられる。

　こうした公正を成し遂げるためには，まずは大人が子どもたちのニーズを充

足させることが大事であり，加えて子どもたち自身が人種・階層等の社会経済的条件の異なる多様な他者を承認し，仲間に関心をもち，他者のニーズに応答できるようになることが望まれる。したがって，公正な社会づくりに寄与するための今後の学校教育には，刻まれた分断を防げるよう，子ども自身が対話と資源分配をもって世界に参入する主体として立ち現れるよう促すことが期待される。最後に，多くの刺激と学びのあるシンポジウムになったことにお礼が述べられて，知的な熱気が会場にあふれたまま閉会となった。

Well-Being and Educational Management: Toward a New Era of Learning and Support for Children's Development

Hiroshi Sato (University of Tsukuba)

Tomoko Kashiwagi (Ritsumeikan University)

We are now at a major turning point into a new era of education. This symposium aimed to discuss the future of educational management by revisiting the philosophy of well-being. In education, well-being would be defined as physical, emotional, and spiritual development fostered by interactions between self, others, and the environment, and by the full flowering of individual and community potential. How can we ensure that the ideals of equity, respect for diversity, and coexistence are fully embodied in schooling? The speakers and panelists presented their reports on this topic in a passionate and incisive manner. First, Ms. Hosoda presented the initiatives of the Saitama City Board of Education. Next, Mr. Yamaura shared a case study of a high school from the perspective of integration. In addition, Mr. Tashiro gave a designated discussion from a practitioner's perspective. Then Dr. Shinohara gave a designated discussion from the perspective of a researcher. Finally, Dr. Kashiwagi, one of the chairpersons, made the following remarks in light of the overall discussion. The importance of schools lies in bridging the gap and preventing the division of society. It is desirable to have a situation where everyone is accepted and has a basic trust in society, and where someone can help them when they are in need. It is necessary to create a relationship where differences have meaning, where one can have hope, and where one can be a part of society and have something to offer. In this way, individual dignity and social well-being are guaranteed. From this perspective, schools should contribute to a democratic society where justice is assured. In conclusion, the chairs expressed their gratitude for the many stimulating and enlightening discussions, and the symposium ended with the full of intellectual enthusiasm.

若手研究者のための研究フォーラム

若手研究者が考える教育経営学の現在地と展望

　若手研究者のための研究フォーラム（前身「若手研究者のためのラウンドテーブル」）は，これまで若手研究者を取り巻く研究環境や，若手からみた教育経営学における新たな研究課題および方法，教育経営学の知的蓄積の継承と刷新をテーマに議論を重ねてきた。

　そもそも，時代や社会の影響により，若手研究者は，先行世代とは異なる研究上の問題意識や着眼点を有することも少なくない。そしてそのことが，教育経営学研究における現在地や展望の捉え方にも影響すると思われる。また，これまでにも，先行世代の参加者からは「若手が最初から教育経営研究のあり方を無理に考え，若手が教育経営学を背負いすぎている」との指摘を得た。以上から，若手自らの研究の着眼点を共有・議論するなかで，そこから教育経営学研究のあり方を模索する必要性があることを確認してきた。

　そこで，昨年度に引き続き今年度の若手研究者のための研究フォーラムでは，若手研究者自身の研究における問題意識や着眼点を手掛かりとして，そこから教育経営学研究の現在地と展望について探究を進めることとした。そのため，議論の柱は，次の2点とした。第一は，自身の研究をどう位置づけ，いかなる着眼点・研究方法から，どのような問題に光を当てて研究を進めているのかについてである。第二は，なぜ日本教育経営学会に入会したのか，教育経営学に対してどのような思いや期待を有するのかについてである。

　今年度の登壇者は，研究対象に対して，多層的に独自のアプローチで取り組んでいる西野倫世会員，古田雄一会員，丹間康仁会員にお願いした。登壇者の話題提供を踏まえて，上記2つの議論の柱をトークテーマにして，参加者全体で議論を行った。

米国にみる教授活動評価の展開と学校経営の現代的課題

大阪産業大学　西　野　倫　世

　本報告では，米国の教授活動評価の展開を扱う報告者の博士論文について，初発の関心や研究過程での苦悩といった研究の歩みを披瀝しながら概要を紹介し，検討を進める中でみえてきた学校経営の現代的課題を提示した。その上で，教育経営学への期待について仮説的展望を述べた。

　米国の教授活動評価は，「何を成果と捉えるか」（＝概念規定）から「成果をどう測るか」（＝測定方法）へと議論の焦点が移行してきた。例えば1950年代米国教育学会 AERA の議論では，児童生徒・学校運営・地域との連携という三領域から教師の仕事を規定・評価することが試みられていたのに対し，近年では学力結果という一元的尺度から教授活動を数量的に評価する趨勢がみられ，この枠組みのもと"公正な"測定方法が盛んに議論されている。その理論的到達点が「学力をいかに伸ばしえたか」に立脚した教授活動評価である。

　上記論文でこの動向を綿密に追跡・分析した結果，教師間の相互承認やその職務の協同的再編に向けた学力結果の活用方策の展望について示唆を得た一方，この評価にはテストスコアや社会経済的要因に関するビッグデータが不可欠という前提等から，次の現代的課題を指摘した。すなわち，①ビッグデータを用いた教授活動の評価過程は"ブラック BOX 化"しがちなため，学校関係者の信頼獲得が難しく，学校経営への利活用にも課題が残る点，②こうした情報処理システムの"発展"が，学校教育の存在意義を矮小化しかねない形で限定的に教師の職務・処遇を規定し，人々もそれを受容する点，③現代米国では評価論が緻密化するあまり目標論が不在となり，だからこそ他分野からの意図・要請に巻き込まれて肝心の子どもの学習権保障が疎外されうる点等である。

　「どのような教育の理想や思想も，教育の制度とならなければ実際に力をもつものとはならない」という黒崎（1999）の言葉を胸に，報告者は教育行政学・教育制度論を専攻してきた。だが，研究を進める中で，例えば上記評価制度の構想面の検討にあたって教育方法学（特に教育目標・評価論），運用面の

検討にあたって教育経営学の知見を学ぶ必要が生じ，先の解明事項にたどり着いた。とはいえ，博士論文では子どもの学習権保障に向けた評価システム探究の第一歩を踏み出したに過ぎない。教育行政機関／学校／子ども・保護者・地域住民という三者の関係をつなぐものとして「評価」が捉えられている点を鑑みれば（堀内 2006），教える側／学ぶ側を主眼とする学問分野それぞれの知見をいっそう交流・対話させることが不可欠となる。そして，教育経営学にこそ，両者を架橋する潜在力があるのではと期待している。今後は，学校経営の自律化にとって評価システムがいかに作用・機能し，子どもの学習権保障にどうつながりうるのかについて検討を進めてみたい。

[参考文献]
・黒崎勲『教育行政学』岩波書店，1999年。
・堀内孜「学校経営の構造転換にとっての評価と参加」『日本教育経営学会紀要』第48号，2006年，2-15頁。

子どもの視点から教室・学校・地域を連関的に捉える市民性教育研究

筑波大学　古　田　雄　一

　本報告では，報告者が博士後期課程で取り組んだ現代アメリカ貧困地域の市民性教育改革の研究（古田 2021）を素材に，報告者が教育経営学から何を得てきたのか，それが研究にどう結びついていったのか振り返る作業を通じて，教育経営学の特質を浮き彫りにすることを試みた。

　実のところ当該研究は，教育経営学研究の系譜に明確に位置付くと確信してまとめたものではなかった。単著のあとがきで「現代アメリカ貧困地域（略）で起きていることを捉えるため，なるべく幅広い文献を渉猟し（略）分析することを心掛けた一方，教育を冠する諸学問の系譜のどこに位置づくのかと問われると，返答に窮することも多く，私自身も葛藤してきた」（古田 2021：293

頁）と述べた一節にもそれが表れている。むしろ教育経営学の視点や知見に示唆を得ながら市民性教育（改革）という対象を研究した試みであり，いわば教育経営学の"応用研究"に近いものであったように思われる。

　市民性教育については多くの先行研究があるが，社会科をはじめ領域ごとに研究が閉じやすく，子どもを取り巻く様々な環境やそこでの学習経験がどう関連し合いながら市民性を形作っていくのか，包括的な理解や分析が進められてきたとはいえない。本研究はこうした問題意識のもと，アメリカ貧困地域の子どもが市民性形成から疎外されていく構造を，教室・学校・地域の連関性に注目して分析し，彼／彼女らのエンパワメントのためにいかなる教育実践や環境の変革が求められるのか考察した。子どもを取り巻く学校内外の環境を射程に含め，一体的に把握する視点は，教育経営学の影響を多分に受けており，教育経営学の世界に身を置いていたからこそこのような研究に至ったともいえる。

　照屋（2022）は拙著への書評の中で「教育学としての教育経営学」（篠原2019：265頁）という視点に触れながら，「我々の立脚点は『教育学』」であり「正面に教育の課題，子どもの成長・発達・学びの物語として学校組織や学校経営を意識し論じる」必要性を提起している（111-112頁）。報告者の研究自体には課題も多く残るものの，子どもの学びや育ちを中心に据えた「教育学としての教育経営学」の在り方について今後議論を深めていく足掛かりの一つになればと考えている。

[引用文献]

・古田雄一『現代アメリカ貧困地域の市民性教育改革―教室・学校・地域の連関の創造―』東信堂，2021年。
・照屋翔大「古田雄一著『現代アメリカ貧困地域の市民性教育改革―教室・学校・地域の連関の創造―』―東信堂，2021年―」『学校経営研究』第47巻，2022年，105-112頁。
・篠原岳司「教育経営学―学校の自律性と臨床的アプローチ，その追究の先に―」下司晶・丸山英樹・青木栄一・濱中淳子・仁平典宏・石井英真・岩下誠編『教育学年報11　教育研究の新章』世織書房，2019年，249-271頁。

学校統廃合を切り口とした地域教育経営課題の探究

筑波大学　丹 間 康 仁

　筆者はこれまで学校統廃合を対象に，住民・行政間，地域・学校間の関係をテーマとして研究を進めてきた。本稿では若手研究者の一人として，筆者が教育経営学に接近した経緯を振り返り，今後の展望に向けた論点を示したい。

　学校統廃合という研究課題に筆者が卒業論文で出会った直後，日本社会は総人口減少の局面に転じた。出生数の減少が続き，全国では毎年度おおよそ400〜600校の公立学校が廃止されてきた。当時と比べて学校統廃合に関連する研究論文や学術図書が幅広く蓄積され，教育学を中心に領域横断的なアプローチで取り組むべき課題として位置づいているといえよう。特に2010年代以降，自治体財政への効果分析，中央─地方関係や市町村合併との関連，地域教育経営や学校・地域間の関係，地域教育計画などの視座から，日本教育経営学会に所属する若手研究者らも学校統廃合を積極的に取り上げている。

　筆者自身の教育経営学への接近について振り返ると，大学院博士課程での研究において，当初は社会教育学の立ち位置から学校統廃合を捉えていた。そのことで，住民の参加と学習に基づく地域教育計画づくりの道筋を展望できた反面，教育行政側の論理として学校適正規模・適正配置論に十分踏み込めていなかった。その際，学校統廃合に関する審議会の傍聴や学校規模・配置に関する共同研究への参加が，研究の行き詰まりを打開するきっかけになった。住民・保護者による運動や学習を支える研究者もいれば，他方で国や自治体の政策形成に寄与する研究者もいる状況を把握して，学校統廃合をめぐる研究者の多角的な関与と参画が浮かび上がり，自身の立ち位置を再考することになった。

　そのうえで，学校統廃合を切り口に，教育経営学の現在地と展望をめぐって3つの論点を記しておきたい。第一に，若手研究者間の協働に基づく事例研究の展望である。日本教育経営学会は，例えば日本社会教育学会と比較して，年次大会での共同研究発表の比率が高い。対象とするフィールドを複数の研究者で調査・分析し，開かれた事例研究の展開に強みがあるといえよう。若手研究

者の頃から研究対象を多面的に捉える視点を養うことが期待される。

　第二に，政策形成過程のピア・レビューについてである。学校統廃合の政策形成に研究者が委員として参画するケースは少なくない。そのため，例えば審議会の議事録を分析する際，研究者が他の研究者の発言を検討する構図が生じる。若手から中堅への移行期には，地域や専門に応じてそうした委員を引き受ける立場にもなりうる。その際，政策形成への関与・参画の過程と結果を相互に検証し合えるコミュニティを持てることが重要になるであろう。

　第三に，プラットフォームとしての地域教育経営論の展開を期待したい。近年，地域学校協働をはじめ，教育経営学から社会教育の実践や政策に視野が開かれている。一方で，社会教育学のなかでは経営論に関する研究が十分深められているとはいえない。そこでむしろ教育経営学を基盤とした社会教育経営論を展開していくなど，広く地域における持続可能な教育条件整備という視座を築きながら，学校統廃合の問題系を整理していくことが今後の課題である。

議論のまとめ（当日の様子）

崇城大学　原　北　祥　悟

大阪教育大学　田　中　真　秀

　3名の報告を受けて，昨年度に引き続き「教育経営学での自身の研究の位置づけと展望」という大きな柱を中心に参加者と議論が交わされた。議論の内容は，事例研究における一般化への悩みや自身の研究フィールド（対象）との出会い等，ざっくばらんな交流を経ながら，最終的には教育経営学への期待や向き合い方などに関する議論へと深まっていった。

　まず，参加者から，特定の事例を扱う点が3名の報告の共通点であったことから，事例をどう一般化してきたのかという質問があった。この点に関して，古田会員は「方法論的な比較や視点の重要性という意味では一般化できる」可能性，丹間会員は「一般的に理論化されていることに対して，当てはまってい

ない事例をどのように接続すべきかという観点から議論を進めてきた」こと，西野会員は「先行研究との対話の中で，事例をマッピングする」との応答があった。上記質問を皮切りに徐々に議論が深まり，教育経営学への思いや期待に関する質問へとつながっていった。これに対し，西野会員は「子どもが視野に入りやすい点」，古田会員は「子どもの学び等を支える様々な環境を立体的に捉えられる点」，丹間会員は「保護者や地域住民が学校・教育を相対化するうえでも教育経営学の知見は有用」との応答があった。

　その他，教育経営学と別分野（教育行政学や社会教育学等）との関係性や教育経営学という枠組みに関する質疑・議論へと展開するなど，若手研究者という立場から教育経営学の展望に関する意見交流が活発に行われた。

課 題 研 究 報 告

教育経営学研究の新機軸の探究（２）

小学校教諭（Ａ）のインタビューの分析 　　　　　　　榎　　景子
小学校教諭（Ｂ）のインタビューの分析 　　　　　　　田中　真秀
中学校教諭（Ｃ）のインタビューの分析 　　　　　　　小早川倫美
中学校養護教諭（Ｄ）のインタビューの分析 　　　　　武井　敦史
討論のまとめ 　　　　　　　　　　　　　　　　　　　竺沙　知章

小学校教諭（A）のインタビューの分析

長崎大学　榎　　景　子

1　A教諭へのインタビューの概要と方法

　A教諭は，教職26年目の小学校教諭（50代，女性）である。これまで勤務した学校種はすべて小学校で，4校を経験している。A教諭へのインタビューは，3回にわたり合計4時間行った。詳細は**表**の通りである。

表　小学校教諭（A）へのインタビュー調査の概要

回	日付	時間	方法	インタビュアー
1回目	2023/10/11	14:35〜15:55	対面	榎
2回目	2023/12/08	16:10〜17:30	対面	榎
3回目	2023/03/18	11:30〜12:50	オンライン	照屋

　以下では，インタビューの逐語録を繰り返し読むことで浮かび上がってきたモチーフごとにその内容を再構成し，それらの間にある構造を読み解いていく。なお，分析において「　」内の言葉はいずれもA教諭の語りからの引用である。

2　インタビューの分析

⑴　子どもとまみれる──A教諭の日常風景と構え

　A教諭は学級担任であることを「生きがい」として，「子どもとまみれる」日々を大切にしている。大変なことやきついことを吹き飛ばし，今日という1日のスタートに立たせてくれる。それが担任の魅力として語られる。

　A教諭には，教師を目指すきっかけとなった恩師との出会いがある。実践の根底には，恩師を「理想」とし，それに近づきたいという思いがある。A教諭にとって「理想」に近づくための一つの方法が，自身の失敗や，同僚の人となりや実践から学び，「引き出しを増やす」ことである。

　では，「引き出し」とは一体どのようなものか。A教諭は，経験を積み，難局に直面して何らかの判断を求められる瞬間に「引き出し」が自分の中に蓄積

されていることを感じている。このことから，「引き出し」とは形式知ではなく，その都度の文脈で最適な判断・行為ができるための「実践的知恵」として蓄積されるものと言えそうである。A教諭にとって「引き出し」とは，子どもと向き合い教育活動を充実させるために，増やし続けなければならないし，増やしたいものなのである。

(2) 役に立ちたい─学校組織への所属感と参入をめぐる感情の揺れ動き

A教諭の語りには「役に立つ」「飛び込んでいく」「所属感」など繰り返し登場するフレーズがある。これは組織での自身の立ち位置が一時的に不安定になる制度的きっかけを起点とした語りの中で顕著になる。

A教諭は教職15年目に，ある子どもと心を通わせることができないという，学級担任としての挫折を経験した。これは学級担任を生きがいとするA教諭にとって「きつい」出来事であった。そして，次年度から担任以外の仕事を担当することになる。「役に立つ」という言葉が最も顕著に出てきたのが，拠点校指導員の役割を担っていた頃について語っていた時であった。A教諭は当時の心境を「私，どこの所属なのかなーっていうふうに，学校の一員として私は全然役に立ってないような気がする」と語っている。

A教諭にとって，子どもたちを同僚とみんなで考えながら育てていくことが「所属感」を持つことであった。しかし，拠点校指導員の仕事は直接子どもたちにかかわるものではなく，同僚と共に一つのことに向かっていく瞬間もほとんどない。そのことがA教諭を「役に立ってない」という感覚にさせ，一時的に所属感を喪失させることになっていたのである。

このように所属校という〈ウチ〉に向かう意識が「役に立っていない」という形で語られる一方，所属校（拠点校）の〈ソト〉に出ていくときには，極めて強い「緊張感」の下，「飛び込んでいく」ような気持ちでいると語られる。この感覚は，決して他校の教職員からのまなざしによって感じるものではなく，その学校の教員一人ひとりが「築き上げてきた」「チームワーク」の中に「入れるのかな」「壊さないかな」という不安からくる感情のようである。

加えて重要なのは，A教諭が異動の際にも同様に「飛び込む」感覚を抱いていることである。つまり，程度の差こそあれ，教師にとって「新しい学校組織に入る」ことそのものが非常にエネルギーを要するものであることがわかる。

(3) いい関係をつくる―離れること，手離すこと

　A教諭の語りには，子どもや所属校との必然の別れを常に意識していることがわかるフレーズがでてくる。その意識が「出るからには，ここの仕事をきちんとやっておきたい」＝「役に立ちたい」という思いを強めていた。

　それだけでなく，A教諭にとって「異動」は，自身の教育実践のつくり方をも規定する。彼女は，赴任してくる自分を「ぽーんと外から入った人」と表現し，だからこそ「新しく私が仲間に入れてもら」えるようにやっていかないといけないと語る。ゆえにA教諭は，学校や地域の文脈とは個別に存在する「自分のやり方」を押し通すことはしない。A教諭にとっては学級も学校組織も，所属メンバーは最初から仲間なのではなく「仲間になる」ものであり，それはみんなが「居心地がいいな」と思えることで成立する。こう考えると「自分がやりたいことだけ前面に出しても」，それが地域性や子どもの特性にそぐわないものであれば，みんなが「居心地がいい関係」にはならない。限られた時間の中で「いい関係」になるには，A教諭がいることで「学校がいい方向に向かう」ような，自分の教師としてのあり方が大切になる。それによって「私っていう存在がいてよかったなって思ってもらいたい」のである。つまり，A教諭にとっては，役割遂行の仕方が被承認感を左右するのである。

　この頃の実践をA教諭は「肩の力を抜いてできた」と振り返る。そして肩の力が抜けたきっかけは，担任以外の仕事を任された2年間にあった。「所属感」を喪失していたA教諭は，自分にできることを探すために，多くの教職員との「つながり」を積極的に増やしながら「自分の役どころ」を見つけていった。その中で，かつての学級担任としての自身のやり方が「一方通行の思い」だったことに気づく。さらに拠点校指導員として初任者に接する中で，自身を客観的に振り返ることができた。失敗して落ち込む初任者に「急がなくていい」と声をかける自分がいることに気づき，それは「自分にも言える」ことだとはっとするのである。「渦中にあるときって…そうは…思えない」というように，自分の立ち位置を"離れる"経験自体に大きな意味があったといえる。

(4) A教諭にとっての学校「組織」―子どもの姿で学校のあり方を認識する

　最後に，A教諭にとっての学校「組織」の捉え方をみていく。なぜなら，A教諭の教師としての行為の意味が，彼女の学校「組織」の捉え方に結合して現

れていると思われるからである。

　A教諭の学校「組織」の捉え方と，インタビュアーの学校「組織」の捉え方のズレに気づいたのはインタビュー終盤であった。それは，A教諭が「6年生を受け持つっていうのは…学校全体のことが見えてないといけない」と語ったことの意味を尋ねたときである。A教諭からは，教職員の動かし方ではなく，6年生という具体的な「子どものあり方」で「組織」が語られたのである。例えば，A教諭の語りの中に「学校がですね，またいい方向に向かっていく」というフレーズがでてくるが，それは教師が「組織」に働きかけることによってというより，「子どもの姿」「子どもの動き」によって「いい方向に向かっていく」ものとしてイメージされていた。つまり，子どもの教育活動の充実という形で自身が「役に立つ」こと，しかも，それが「子どもの自治」という形で達成されてこそ，学校が「組織化する」と考えられていたと思われる。

(5)　要素間の連関と行為を支える構造

　以上を踏まえ，語りに表れる要素間の連関と行為を支える構造をまとめておく。「役に立つ」「飛び込んでいく」は，既存の組織に入り込んでいく努力が必要となることや，組織への「所属感」が一人ひとりの教師にとって極めて重要であることを示すものであった。他方，A教諭は，現任校や学級担任という仕事から"離れる"ことで，教育実践の固定枠を"手離す"ことができた。"離れる"ことが，肩の力を抜いて，相手を大切にしながら自分の実践を織り交ぜていくという実践につながっていたのである。ただしそれは，人との出会いやつながりの中で学んだことを丁寧に自身の中に内面化していく＝「引き出しを増やす」ことによって支えられている。

　以上の行為の根底には「理想」の先生に近づきたいとの思い，そして近づくことで学校や子どもにとって「役に立つ」存在になりたいとの思いがある。いずれ必然の別れを迎えるからこそ，限られた期間の中でみんなが所属感を持てるようにすることが自身の役割なのである。こうして「理想」への近づき方は柔軟になり，結果としてA教諭自身の所属感や被承認感も高まっていた。

　そして，A教諭にとって，学校に関わる一人ひとりが「所属感」を高めていくための鍵は子どもたちにある。いわば，学校が組織となっているから教育活動が充実するのではなく，子どもの学びと育ち，子どもたちの自治の力を高めることによってこそ，学校は組織化されると考えられていたのである。ここに，

学級担任を「生きがい」とし，「子どもとまみれる」日々を大切にするＡ教諭
特有の「組織化」への見方があるといえる。

小学校教諭（B）のインタビューの分析

大阪教育大学　田　中　真　秀

1　B教諭へのインタビューの概要と方法

　B教諭（以下，B）は，インタビュー調査実施時点において教職18年目の小学校教諭（40代，男性）である。小学校3校を経験しており，教職大学院への派遣経験がある。Bへのインタビューは，2回にわたって合計3時間40分行った。詳細は**表**の通りである。

表　小学校教諭（B）へのインタビュー調査の概要

回	日付	時間	方法	インタビュアー
1回目	2022/12/17	10:40〜12:40	対面	三浦
2回目	2023/03/25	14:00〜15:40	対面	田中

　Bに対して行ったインタビューは「あらかじめ予想することができない多様な文脈」（村上；2013）に着目するため非構造化インタビューで実施している。結果として，B自身の教職観（教育観），教職経験の中で大切にしていること，教職大学院に進学した理由などのBの「語り」を得ることができた。

2　インタビューの分析

　Bの語りは，①B自身が企業から教員という職を選択した理由，②Bが管理職になることへの葛藤とその変化，③B自身の子どもとの向き合い方，④教職大学院での学修を経た教職やキャリアに対する意識の変化があった。これらの内容をBという語り手の示した文脈の中に潜むBの教職観や学校教育に対する認識の構造を見いだすことを試みる。

　なお，Bが現在，管理職にならないことについて，制度的な関わりや，管理職となることを促す学校文化・組織をどのように構築するのかということを示すことは前提としてはいない。

　前提として，Bは，教職大学院に進学する際，管理職になることへの答えを

求めたが，その答えは見つからず，現在も管理職にはなっていない。

(1)　教師という職の選択

　Bは，旅行会社勤務時に修学旅行生との関わりを通して教師を目指すこととなる。Bは「お金儲け」に興味のない自分に気づき，修学旅行で教師と接することで，教員免許状を取得するために仕事を辞めることを決意する。

　Bは，教師の子どもとの関わりを添乗員と客との関係性と似ていると捉え，教師の仕事の大変な部分は認識しながらも，「それは影の部分であって。表の部分では，すごく昼間，子どもと先生との関わりが何かこう魅力的に感じたのかなって」として，教師の職に就くことを決意する。この中で，Bは，先生という職は，自分がお客に行ってきた共有したい・伝えたいということがお金儲けに関係なく，ダイレクトにできることが魅力的であると捉えている。

　このような，Bの教師という職に就く流れは，教師という職が持つ魅力の1つに子どもに「ダイレクト」に伝える・共有できることがある。

(2)　子どもへの向き合い方と教師という仕事に対する姿勢

　Bは，教師という仕事を「人間勝負」であると捉え，その時々に合わせた対応をすることを大切にしている。この点は，後述の学級通信のタイトルを学級ごとに変えるという点でも現れるように，毎年の子どもたちにあった教育を提供することを心掛けている。Bは教材も使いまわしをしないように心掛けており，子どもに合わせた教育を提供しているが，一方で「自身を苦しめている」とも認識している。

　また，子どもたち一人ひとりを担任であるBだけで見るのではなく，子ども同士のまなざしを通して，子どもの関係性を構築している。

　Bの語りをみつめると，子どもへの関わりには，Bが教師としての「思い」を持って自信を持って行っていると読み取ることができる。

(3)　教師という仕事／職業としての教師の「働き方」

　Bは，子どもに真摯に向き合うことの大切さを理解し，その結果，夜遅い勤務となっている。この点についてBは，「働き方改革」の点から葛藤もあり，同時に様々な教員の状況を鑑みながらも，一緒に「できない」不満を持っている。「働き方改革」については，必要性は理解しつつも，仕事量を減らすわけ

ではなく，勤務時間チェックや時間管理だけの働き方改革にも疑問を持っており，「何のための教育か」という点に疑問を持っている。

特に，「**人と関わる仕事なんて，楽なわけないし**」という感覚を持ち，教育に関わるということを考えると，働き方改革も今のような改革ではないとＢは認識している。しかし，このような考えを持っている教員は少ないとＢは思っており，その点が，Ｂ自身が「他と異なる」（筆者が解釈）と認識している要因の一つである。この点が，Ｂが学校にいることのしんどさ，管理職になることへのためらいという思いにつながっているのではないだろうか。

また，このような中で，日本の教育が遅れていると言われていることや，単純に子どもに関わればよいのにできていない状況に口惜しさともやもやを持っている。

⑷ 教育活動　→　教育（目的）のためなら「苦労はいとわない」

Ｂの実践は，思いたったらすぐに実行という側面がある。例えば，東日本大震災の際には，子どもたちに支援を考えさせる教育を行ったが，支援金や救済物資という意見しか出ない中で，Ｂ自身が現地に何度も赴き，実際の状況を子どもたちに写真等を通して伝えることで，「リアル」を伝えている。この点は，教師という仕事は，身体に染みついており，いつもアンテナをはっていて，常に仕事をしている状態になっていることが背景にある。

⑸ 学校組織への違和感　→　管理職になることへのためらい

学校組織については，一緒にやっていける空気感が必要だと思いながらも，同意してくれる教員は少なく，それぞれの生活があることは理解しながらも，「**否定はされていないけれど**」，一緒に何かしていける空気感ではないことに疑問を持っている。考えを否定はされないが，賛同して一緒に活動するということにはならない。

そのような中で，管理職を目指すことになると言われても，Ｂが感じている課題に対応できる学校組織ではないことの違和感から管理職になることが難しい。その違和感の積み重ねが，管理職になることへのためらいや引っ掛かりになっている。

(6) 管理職への思い

Bは，周りからの管理職となることについての「答え」を求めるために，教職大学院に進学することを決めたが，教職大学院での学びはあったものの管理職になる決意はできていない。また，現場での子どもとの関わりに答えがあり，その中で自分ができることは何かという考えに至った。

インタビュー時点においても，管理職になることを悩み続けている。その中で，第1回目のインタビュー時には管理職になること（ならないこと）への自身の思いが多く語られていたが，2回目のインタビューでは，悩み続けていた結果，（時期がきて）管理職になれないとしても，現時点では管理職に担任以上の魅力がないことから管理職になりたいと思っていない。

この点については，「**魅力を感じないこと自体問題**」という発言やなりたいと思える職場でないと言い，疲弊している管理職やありのままに子どもを大切にする管理職がいないことに対しての不満を持っている。

また，管理職ではなく，目の前の子どもに向き合いたいというは発言が何度も出ていることから担任であることの魅力とともに，「適材適所」という言葉を通して，自身から管理職になることへの距離を置いている。

(7) 自身の実践記録：毎年の手帳と学級通信：学級通信に込めた思い

Bはプロセスレコードを記述する際に，年間計画や毎月の予定表，子どもの良さや気づきを記載した毎年の手帳と学級通信を用いることで，その時あったことを思い出すことができている。

Bは自身の教育に「自信があるわけではない」という発言を通して，パーソナルとしては謙虚な姿勢を見せる一方で，これまで行ってきた教育には一定程度の自信がある。また，Bの企業での経験とその時の働き方が教師として「働く」際にもつながっているようである。教員の仕事は，子どもや保護者に伝わることや，自身の考えにより，子ども第一で自身の裁量でできることがあることに魅力を感じていた。しかし，全ての教員が同じ方向を向いて教育に携わることができないことに同時に「もやもや」を抱えている。

最後に，Bは管理職になることへのためらいは，自分のやりたいことができなくなることと同時に今の管理職に魅力がない／魅力のある学校であることがあるのではないか。この点は，B自身の思いを共有し，一緒に歩むことのでき

る教員がいるのか否かの点もある。

中学校教諭（C）のインタビューの分析

島根大学　小早川　倫美

1　C教諭へのインタビューの概要と方法

　C教諭は，教職18年目の中学校教諭（40代，女性）である。C教諭へのインタビューは，3回にわたり合計3時間27分行った。詳細は**表**の通りである。

表　中学校教諭（C）へのインタビュー調査の概要

回	日付	時間	方法	インタビュアー
1回目	2022/08/22	17:36〜19:00	対面	竺沙
2回目	2022/10/22	18:17〜19:16	対面	竺沙
3回目	2023/03/05	10:11〜11:15	オンライン	小早川

　以下では，インタビューの逐語録を繰り返し読むことで浮かび上がってきたモチーフごとにその内容を再構成し，それらの間にある構造を読み解いていく。なお，分析における「　」内の言葉はいずれもC教諭の語りからの引用である。

2　インタビューの分析

(1)　教職への理想と現実の葛藤

　C教諭は，「世界中の子どもたちが笑顔で暮らす社会にしたい」という思いから，一人ひとりが社会を変革する原動力となる存在であることを意識し，「社会は変えることができる」ことを教育実践において子どもに伝えていくことを目指していた。しかし，教職経験を経るにつれて，学校における実践とそのあり方，さらには教師として自分自身，学校という存在についてさまざまな「困難」に直面する。

　C教諭は，教職18年前後に子どもが「幸せじゃない」社会があること，自分を「大事にする」ことができない環境や自分を「大事にしない」子どもが存在する現実に気づくようになる。その過程において，現実の子どもの姿を「幸せじゃない」「大事にする」というフレーズを多用しながら振り返る。こうした

現実の学校，子どもの「しんどい」状況を振り返る過程において，Ｃ教諭自身の「しんどさ」に触れながら，その「しんどさ」について自問を始める。

　教職への理想と現実について，「学校で自分がやりたいこと」（＝「世界中の子どもたちが笑顔で暮らす社会にしたい」）ができないことへの矛盾，さらには理想（＝「世界中の子どもたちが笑顔で暮らす社会にしたい」）を教育実践において実行しようとしていたと語る。そして，子どもを「枠に閉じ込めて，苦しめてる」こと，「完璧じゃなきゃ」ならないと型にはめようとしていたＣ教諭の「価値」や子どもの「見方」の気づきにつながるのである。

(2)　"完璧"への葛藤：「完璧でないと幸せになれない」

　現実の学校や子ども，Ｃ教諭のしんどさへの気づきから，子どもを「大事にする」ことの意味が変化することによって，Ｃ教諭の子どもに対する「見方」も大きく変わる。

　子どもを「大事にする」こと自体は大きく変わっていないと語る一方，子どもを「大事にする」ことの意味の変化に気づくようになる。すなわち，「大事にする」＝すべて完璧にこなすことができるようにする（＝子どもが幸せになる）のではなく，「大事にする」＝一人ひとりすばらしい，子ども自体を大事にすることに変化する。この変化は，子どもに完璧を求めていたことが自身にも返ってきており，そのことによってＣ教諭自身をも苦しめていたことを改めて実感することとなる。

　「大事にする」ことの意味の変化によって，子どもの「背景を丁寧に」みること，「子どもたちの心の動き」を中心に据えてかかわろうとすることが，深い子ども理解へとつながる。子どもを「大事にする」ことは，いまを生きる子どもが幸せかどうかを考えてサポートをすること，そして，子どもが自分を「大事にする」ことや，生き方を伝えていくことに重きを置く授業実践へと反映されていくのである。子どもに完璧を求めなくなり，完璧ではない＝不幸せではないこと，完璧にこなすことを求めなくても教師として子どもにできることはあり，「一人ひとりがそのときにベストを尽くしてる」ため完璧でなくてもよいとすることでＣ教諭の心境も好転する。

　また，Ｃ教諭自身のしんどさの根源として，「人に求めていることを自分に求めてた」ことを再確認した上で，「あなたはすてき」と子ども一人ひとりを捉えようとする新たな「視点」が見出される。それは，子どもを枠にあてはめ

ていた過去の教育実践の反省から，「自分で気づく」ことが教育において重要であるとする新たな教育観として打ち出されるのである。

　教職への理想と現実との乖離を通した変化によって，子どものよりリアルな状況への気づきとともに，Ｃ教諭は現実の子どもに向き合いながら「心の動きをしっかり見る」ことに重きを置くようになる。それは，中学生という思春期の心の動きを読み取りながら教師としてかかわることや，子どもに真摯に向き合いながら葛藤を抱え続けてきたＣ教諭の「教師としての姿勢」としてあらわれているのである。

　現在のＣ教諭は，子どもの話を聞くこと，話を繰り返し聞くことが子どもの深い理解につながると述べる。そして，子ども自身が「気づく」ことによって自分の生き方を見出し，「楽しく生きて」いくことが目指され，以前は窮屈に感じていた学校での教育実践にも充実感がもたらされている。

　子どもを「大事にする」ことの意味の変化によって，「世界中の子どもたちが笑顔で暮らす社会にしたい」という理想が子どもへのかかわりという現実へと接続されていく。理想と現実が近づくことによって，人を「大事にする」こと，一人ひとりを「大事にする」ことよって子ども自身の生き方が変わり，社会や日本，世界が変わることを目指しているのである。このような広い社会への視点には，子どもが自身の意思がないまま「流れに乗って行く」ことへの危惧としてあらわれている。それは，現実の社会で起きている戦争や未来をつくる存在である子どもに「気づく」ことの大事さを促すものでもある。

⑶　同僚との関係構築における葛藤

　子どもとのかかわりを通した気づきがみられた後，他者である同僚への語りが進められる。同僚に関する語りにおいて，保護者との関係では困難を感じたことはないが，同僚として「ほんとにしゃべれる人」がいなかったと振り返る。

　同僚との関係に困難さを抱えていたＣ教諭にとって現勤務校校長の存在は大きく，子どもへのかかわりや教育実践を理解・共有する存在であり，Ｃ教諭を「すごく分かってくれる人」であった。同僚には「ほんとにしゃべれる人」がいなかった経験から，これまでの葛藤はＣ教諭自身の中で処理されてきた。しかし，現勤務校校長との出会いから「学校に相談できる人」ができたことで，実践においても新たな視点がもたらされた。

　一方，現勤務校校長の存在によって，その他の同僚の教育への姿勢や子ども

へのかかわりに対する疑問が浮かび上がるようになる。Ｃ教諭は，同僚の教育への見方や考え方が「あっさい」と評し，子どもを深く理解しておらず，事務的に職責を全うしようとする姿を語る。それは，Ｃ教諭を「すごく分かってくれる人」である現勤務校校長の他教職員へのかかわりや子どもの視点の持ち方との対比によって，同僚への疑問がより鮮明にあらわれてくるのである。

　同僚との関係構築における困難さを振り返る中で，Ｃ教諭が目指す教師像と同僚の姿とのずれがみられる。そのずれは，信念や目的がある人が少なく，専門職としての教師のあり方を重視するＣ教諭と同僚との差異としてあらわれる。さらに，教職への動機や背景を深く自覚しながら実践することの重要性や，教師としての軸を持ちながら教育実践することが子どもを「導く」ことにつながるとするＣ教諭の教師像として浮かび上がってくるのである。

⑷　Ｃ教諭の「葛藤」における連関と構造

　以上を踏まえ，Ｃ教諭の教師としての「葛藤」について，改めてまとめていく。

　Ｃ教諭の「葛藤」には，「世界中の子どもたちが笑顔で暮らす社会にしたい」という壮大な教職への理想があり，その理想を学校において実行しようとしていたことによる現実の学校，子どもの姿との乖離があらわれている。それは，学校への「窮屈さ」を認識する過程において，理想を実現できないことを含めた自身の中にある「しんどさ」への気づきとその後の変化につながる。

　Ｃ教諭の「しんどさ」への気づきは，子どもの見方，かかわり方の変化として，子どもを「大事にする」ことを「完璧な子ども」へ置き換えていたことにあらわれてくる。その中で，子どもに求めていたことが「自分に返ってくる」と認識することによって，“完璧”にもとづく「葛藤」からの解放となる。

　一連の変化を経て，理想と現実がこれまで以上に近づいた現在，理想を現実においてより実行しようとする教育実践につながる。それは，「教師としての軸」をより意識しながら子どもに向き合い，子どもへの深い理解によってかかわろうとする献身的なＣ教諭の姿として打ち出されるといえる。

中学校養護教諭（D）のインタビューの分析

静岡大学　武井敦史

1　D教諭へのインタビューの概要と方法

　D教諭（以下，D）は，インタビュー調査実施時点において教職18年目の中学校養護教諭（40代，女性）である。小学校2校と中学校2校を経験しており，インタビュー調査実施時点は教職大学院における派遣研修中に当たる。

　調査概要は**表**の通り。いずれも非構造化インタビューのかたちで実施した。

表　養護教諭（D）へのインタビュー調査の概要

回	日付	時間	方法	インタビュアー
1回目	2022/10/07	13:00〜14:00	対面	武井
2回目	2023/03/06	13:00〜14:20	オンライン	古田

　インタビューは2回にわたり合計2時間20分行った。1回目は対面で，2回目はビデオ会議システムを使って実施した。各インタビューの間は約5か月の間隔を置いている。

　1回目は事前には養護教諭としての歩みについて話してもらうことのみを事前に伝え「教師になったきっかけとこれまでの歩み」について当日は自由に話をしてもらった。2回目は，前回の文字起こしデータを事前に読んできてもらい，「読んでの気づき」を話してもらうことからはじめた。

2　インタビューの分析

(1)　学校的価値との葛藤

　「常にリーダーを任された役だったのです，私」という語りにあらわれるように学齢期のころのD教諭は，クラスの中でリーダー的な存在であったという。しかし一方で「でも頭がいいタイプではなかったのです」とも語られ，いわゆる秀才と自身が認識していたわけではなさそうだ。

　クラスの中のリーダー的存在としてのDは担任からも重宝がられたようだ。

「学年主任の先生からは，『あなたに任せておけば安心ね』みたいな感じで，『うまくいくからよろしくね』という感じだったので」

しかしその一方で，リーダー的存在としての自己像に対する一種の醒めた思いも抱いていたようである。「あのとき自分もあれだけ悩んでいたことをどれぐらい気づいているのかなとか，何か思っているほどいい子じゃなかったんですよというのをちょっと思っているのですけど」。

以上のような学校的価値に対するコミットメントと教員に対する疑念という両義的な感情を抱きつつ養護教諭として職についたD教諭は，その後もしばらくの間はそうしたアンビバレンスを抱えつつ，キャリアを重ねていくことになる。

体調を崩したこともあって，「正直辞めたいな，いつ辞められるかなという気持ちもすごく大きかった」と考えていた時期もあったようだ。

(2) 養護教諭としての立ち位置と疎外感

上述のように自身の生きる世界の状況を一歩離れた視点から見る傾向を持っていたためか，学校という職場の中における「養護教諭」という職の，他の教諭とは少し違った組織内の位置についても洞察は及んでいる。

ともすれば疎外的な立場に置かれることの多い養護教諭としての自らが置かれた職場環境をD教諭は「そのときのメンバーによっては，それこそ一つの学校の中の一員というよりも外というようなイメージ」と表現している。

学校の「外」という組織内での位置づけに対する意識は，他の教員との関係性についてだけでなく，子どもの視点から見た場合の「保健室」という空間の特殊性についても及ぶ。「保健室って子どもが選んで来れる場所なので…（中略）…人が来ないっていうのを選択すれば，知らないまま過ぎてしまうこともあるんです」とD教諭は述べ，学校の組織的教育活動の外に置かれがちな保健室という環境の特徴を指摘する。

こうした，いわば組織構造的な視点で，組織を見る指向性からクローズアップされてくるのが，学校のリーダー，特に校長という存在である。

「上の方が養護教諭を一員だと…仕事の人としては一員なのですけど意識として一員と入れていないと，会議の中の発言だったり日常の言葉の中にそういうのがいっぱい出てくるので，そうするとそれがいつの間にか教員にも浸透するのでそういうときはやはりすごく外と思う」。

(3) 学校という組織とそのリーダー

　リーダーの姿勢一つで職務のかたちが大きく変わってしまう養護教諭という職の組織的不安定さをD教諭は次のように語る。「養教の先生は大変だけど、子どもにいいことだからやりましょうというのを言ってくれると…（中略）…そういうのがないと、さあ、この忙しそうなときに私はいつ頼めばいいかなとか、ある意味で計画を作って持っていけば先生たちはやりやすいかなとか、外から持っていってお願いする、でも、はじかれることもあるっていうようなことは茶飯事ですね」。

　一方で理想的なリーダー像についても、「安心できる組織、方針がみんなをまとめて引っ張ってくれる明確なビジョンのある先生がいる学校のときは、本当に働きやすいし、やりがいも感じますし、いい雰囲気にもなっていきます。」と語られている。

　ただし、こうした課題は、校長をはじめとするリーダーのパーソナリティにもっぱら起因するものととらえられているわけではない。「校長先生の権限ってこんなにないんだという…組織として成り立っていないなというのは校長先生もそう」とも語られている。

(4) 教職大学院と自身の相対化

　先述のように、D教諭は調査時点で教職大学院への派遣研修中である。教職大学院での学びについて、「養護教諭の良さもデメリットも見えてきた」とインタビューの中では語られた。

　例えば「教職大学院って一応各地区から選ばれてるとか、審査を通ったとか、皆さんすごい実績があったり、すごいなって思う先生方なんです。その先生たちがこれ全然知らないんだって思ってびっくりした」といったように、教職大学院への派遣によって、養護教諭と他の教諭職とを比較して考える一つの機会ともなった様子がみてとれる。

　このような、職務の遂行そのものとは離れた視点から職のあり方を見るという、おそらく以前からあったと考えられる指向性は、大学院派遣という機会を得て次のようにD教諭自身にも向けられ、自身の仕事のやり方を相対化する視点にもつながっている。

　「安定していると見える範囲も広がったり、やれることとか学ぶ意欲も時間も出てくる」「ちょっと前の教頭先生の口癖が『だから何』っていう口癖だっ

たんです。…（中略）…でも，結局『だから何』って言われるような話し方しかできてないんだと思うんです，自分が」。

そして，こうした自身や組織を相対化してとらえる視点の成熟からか「もっと相手が動けるようなとか，相手を動かすような話し方とか，策略じゃないですけど，戦略じゃないですけど，そういうものも身に付けたい」といった見方も語られた。

「大変だけど，すり減らす働き方ではない働き方をしている先輩たちも見ているので，そういう尊敬できるモデルができたことも大きい，…正直お先真っ暗って感じだったんですけど，プラスみたいなところも見えています」　これらの語りからは「養護教諭という立場と学校組織（のリーダー）との狭間での葛藤」という以前からテーマ化されてきた課題に対する「問いの位相」の変化がうかがわれる。

3　D教諭のケースにみられるキャリアのストーリー性

以上のようにD教諭の就職以前の段階から現在に至るまでの変化を語りから見てくると，学校や教師に対する受容や反感といった比較的シンプルな感情的アンビバレンスから学校を構成する様々な人々によって織りなされる多様な心理的エージェント間の葛藤へと変化してきている。

また，それに伴って養護教諭としての疎外感と他の教員集団との位置関係の取り方や，学校のあり方をみる視点も，個の性格特性や姿勢から組織的視点へ，そして自己も含めた組織を動態的にみる視点へと，徐々にその俯瞰の位置が高まっている様子が，その語りからはうかがわれる。

こうしたD教諭の学校やその中で行われている活動への見方の遍歴からうかがわれるのは，教員の教育観や組織観とは，一つ一つの仕事の職務経験を通して，経験的に形成されるばかりではないということである。

D教諭の場合，教育観や組織観を形成していく過程で，学校における養護教諭の位置づけ，教員やそのリーダーとしての管理職はどうあるべきかといった制度・理論・当為等についてのストーリー化を自らの中で積極的に行ってきた形跡がうかがわれ，その結果のためかインタビューを通しての発言のブレや矛盾も少なかった。

こうした制度・理論・当為等によって語られる学校像を「文語体の組織観」，

職務経験から帰納的に形成される学校像を「口語体の組織観」と呼ぶならば，学校（教員）の「リアリティ」とは両者の関係双方の関係の中で複層的に形成されていくものとしてとらえられるのではないだろうか。

討論のまとめ

京都教育大学　竺　沙　知　章

1　本課題研究の目的

　本課題研究は，これまでの教育経営学研究が見過ごしてきた現象，現実に迫るために，新たな研究方法に挑戦し，これまでの教育経営学研究とは異なる新たな知見をつかみ取り，教育経営学研究の新機軸を探ることを目的とした。

　採用した研究方法は，インタビューデータに対する現象学的な分析である。4人の小学校，中学校の教諭にインタビューの文字データを分析し，さらにその分析をインタビュー対象者に見てもらい，それをめぐってのインタビューについても文字化し，分析するという方法であった。

　課題研究報告では，研究推進委員会委員4人が担当した教諭に関する分析結果を報告し，全体討論に移った。

2　研究方法について

　まず，論点になったのは，研究方法についてであった。基本的な事項に関する質問がいくつか出された。インタビューの目的は何か，インタビュー対象者の選定理由は何か，どのような質問をしたのか，以上のようなことが質問紙を通じて寄せられた。今回，試みたインタビューは，明確な目的をもって臨んだものではなく，教師の語りから教育経営学研究が見落としてきたものを探ろうとするものであり，事前に設計して臨んだインタビューではないことを説明した。そうした方法に対してある程度理解は得られたように思う。

　また，研究倫理に関して質問があり，京都教育大学の研究倫理審査を受けて承認を得たうえで，協力者に対して，説明文書を用意しながら研究の趣旨，方法などについて十分に理解を得て，慎重に進めたことも説明した。

3　データの分析，解釈について

　データをどのように分析し，解釈するのか，そのやり方について議論になっ

た。現象学的方法は，自らの認識枠組みをいったん脇において解釈することが求められるが，どうしてもそれまでの自分の認識，考え方などがあり，それが解釈する際に邪魔になったことがあったのではないか，それをどのように克服したのかということが問われた。これに対しては，各報告者からそれぞれ率直な感想，悩みなどが語られた。何度もデータを読み直し，繰り返し悩み考え続けたこと，モヤモヤしたものを言語化するとそこに自分の枠組みが表れてしまう，自分の枠組みを常に問い直す作業が大変だった，真摯に向き合うことが難しかった，対象者に向き合うことが難しかったなど，インタビューデータを解釈する苦しさ，難しさを共有する機会となった。

　質問者からは，一つの語られた信念の命題には様々な命題が関わってくるはずでそれを全体として捉える必要があること，語られた部分にこだわるだけではなく，その全体を捉えて，どうしてそのような成り立ちになっているのか，心の全体論的性格を読み解いていく必要があるという意見が述べられた。データ解釈についてさらに深めていく必要性が指摘されたと言える。

4　探究すべきテーマについて

　データの分析，解釈して得られる知見をどのような問題と接続させるのか，この研究を通じてどのようなテーマを探究していくのか，研究テーマに関わる議論も行った。まず提起されたのは，今回の報告は，教師研究として受け止めることができるが，そうすると教育経営研究との関係をどのように考えることができるのか，という問題であった。教育経営の研究は教師の存在を抜きにして語れないが，両者の関係に関してこれまで共通の知見は得られていないことから，今回の報告には多くのヒントがあり，その関係の多様性を議論することができるのではないかと問題提起された。別の会員からは，内部構造，組織特性との関わりを分析してみると，教師研究と教育経営研究の接点を深めていけるのではないかという意見も出された。このことは，教師に対するインタビューにより何を探究しようとするのか，そのことを改めて問い直すことにもなった。教師の語りは，学校の姿の一面を浮かび上がらせるものでもあり，そこからどのようなことが見えてくるのか，議論していくことが必要となる。

　さらに別の会員からは，インタビューの分析を通じて「時代」と「教職」はどう見えてきたのかという質問が寄せられた。今回，報告したインタビューデータを分析する中で，事後的に，結果的に見えてくるものがあるはずで，イ

ンタビューデータから受ける印象として，「時代」と「教職」のあり方ではないかという問いかけであり，研究推進委員会において議論できていなかった問題であった。報告者，それ以外の研究推進委員から各自が感じたこと，その見解を発言した。それぞれ様々なことを感じていたが，十分には捉えきれていないことを認識することになった。そうした分析により，これまでの教育経営学研究が見落としてきたテーマを明らかにできるはずであり，今後の課題となる。

5　次年度に向けて

　最後に，次年度に向けて，今後の研究の進め方などが議論された。オーラルヒストリー，ナラティブ・アプローチなど語りを分析する手法を取り入れることも有効ではないかという具体的な研究手法に関する提案がなされた。また教師の語りについて，反省や自慢ではない新たな語り方を模索することもできるのではないか，教師の豊かな語りを引き出すことも考えてもらいたいという期待も語られた。さらには，課題研究報告のあり方について，教育経営学研究の知見とのすり合わせということも重要だと思うが，今回の課題研究のように，教師の語りの解釈を示し，それに対する見解をフロアに問うことにより生まれた対話が非常に興味深く，次年度も同じような報告を期待したいという意見も出された。今回の課題研究は，4人の教諭の語りについて分析したことをそのまま報告するというものであったが，その中に関心が喚起される内容を含んだものであったように思われる。どのように受け止め，分析し，どのような知見を得ることができるのか，まだ手探りで，悩んでいる状態であったが，そうした生みの苦しみのような経験を大切にした報告であったと言える。

　研究推進委員会で次年度に向けた方針については検討中であったが，司会より，今回の報告内容をインタビュー対象者に改めて報告し，当事者の見解を尋ねるなど，再度，インタビューを行い，新たなデータを得ることを通してさらに分析を深めていくことが提起された。それに対して，各報告者からの発言も行い，課題研究報告の場で次年度に向けた議論も行うことになった。これまで教育経営学研究が見過ごしてきたことを探ることは一筋縄ではいかないことを研究推進委員会では痛感した。課題研究は，そのような姿を見せる場にもなったように思われる。次年度，それにどのような決着をつけられるかわからないが，何らかの問題提起を行うことができるように研究を進めていきたい。

Creating a New Direction for Educational Management Research (2)

Tomoaki Chikusa (Kyoto University of Education)

In order to approach the phenomena and realities that have been overlooked by previous educational management research, the purpose of this research project was to challenge new research methods, grasp new knowledge that is different from previous educational management research, and then to try to create a new direction for educational management research. The research presentation reported findings obtained by analyzing interview data conducted with elementary and junior high school teachers. After these presentations, we had a general discussion.

The first point of discussion was the research method. Several basic questions were asked. The questions were: what was the purpose of the interview, why were the interviewees selected, and what questions were asked? The answer was that the interviews were not conducted with a clear purpose, but rather sought to find out from the teachers' narratives what educational management research had overlooked and so the interview was not pre-designed.

The second point was about data analysis and interpretation. The question was whether their own cognitive frameworks were getting in the way when interpreting the data. The opinion was expressed that there must be various propositions involved in what was said, and when interpreting it, it is necessary to grasp the whole and decipher the holistic nature of the mind.

The third point was about the themes to be explored. The opinions raised were how to think about the relationship between teacher research and educational management research, and another opinion was what problems emerged as a result of the interpretation? For example, what did the "era" and "teaching profession" look like? Through these discussions, it became clear that there is a need to further consider what themes should be explored from teachers' narratives.

Finally, opinions were exchanged on how to proceed with future research at the Research Promotion Committee and how to carry out the next research project.

実践研究フォーラム

教育経営研究につながる実践事例（Good Report of Practice）の価値の在り方

　2023年度の実践研究フォーラムでは，昨年共有した論点の中でも，多くの会員が関心を持っていると思われる「研究のための事例の記述と実践のための事例の記述の間にありうる二項対立」に目を向けた。あえてその潜在的な溝の存在を浮き彫りにしながら，表面的には曖昧だが時に記述者の葛藤の源泉となる実践事例の記述に対する評価の観点の多様性を吟味することを考えた。

　これまで，個別文脈的な事例検討は科学的妥当性と相反するとみなされてきたきらいがある。しかしながら，教育実践のうえでは個別文脈的な数々の事例から共通に見いだされる知見が全くないとはいえず，むしろそうした個別文脈的な事例の蓄積も学会として一つの役割と考えることができる。そうした点から，本学会では実践事例をどのように扱おうとしてきたのか。また，今後どう扱っていくべきなのか。

　この部分を議論するために，教育経営の実践事例を多様な形で扱う立場にある会員から，それぞれのフィールドでは実践事例の記述がどのような観点から「良い記述」として評価されるのかについて報告していただいた。全体の議論を通して，本学会での実践事例をめぐる価値づけの問題を考える機会としたい。

教育経営研究につながる実践事例（Good Report of Practice）の価値の在り方

山形大学　吉　田　尚　史

岐阜大学　長　倉　　　守

名古屋商科大学　竹　内　伸　一

上越教育大学　安　藤　知　子

鹿児島大学　髙　谷　哲　也

I　教員研修における実践事例の位置と課題

1　フォーラムでの報告の目的

　フォーラムでは，実践事例の記述がどのような意図から「良い記述」として評価されるのかを考えるために，旧独立行政法人教員研修センター及び独立行政法人教職員支援機構（以下，中央研修センター）にて2004年度から実施されている「カリキュラム・マネジメント研修」（以下，「CM 研修」）の内容の変遷を明らかにし，教員研修における実践事例の位置と課題について話題提供を行った。

2　「CM 研修」内容の特徴

　すべての年度の研修の目的と内容をみると，各学校において「CM」を展開するための手立て，カリキュラムの自己点検・評価に関する手法の獲得を目指して，文部科学省による政策動向の解説，学校運営における「CM」の役割に関する講義，ワークショップ型研修の進め方に関する講義や協議・演習，カリキュラム内容とそれを支える改善プロセスや組織体制の評価に関する講義と評価手法を体験する協議・演習が設定されている。また，受講者が各地域で研修講師や各学校への指導・助言を行うための力の育成が目的に明記され，そのための研修内容として，受講者が各地域や学校で研修成果を伝達・活用するための資料や研修計画を作成する協議・演習が研修終盤に設けられている。

3 「CM 研修」における実践事例の位置

　実践事例には，研究者・文部科学省・中央研修センターによって選定された「先進事例」と受講者自身が自校や地域の学校等を分析・整理した「受講者事例」とがある。研修ではそれらをもとにした協議・演習が設定されている。「先進事例」をもとにした協議・演習は，受講者が「先進事例」の分析・整理を通して，「CM」の観点を獲得するとともに「受講者事例」を見直す時間とされている。「受講者事例」をもとにした協議・演習は，受講者がその改善案を検討・作成する時間とされている。これら協議・演習の前には教科調査官や研究者による講義が設定されている。また，研究者からワークシートや付箋を使用した分析・整理の方法が提示されている。他方で，実践事例の内容をみると，総合的な学習の時間に関する事例から教科横断的な教育内容に関する事例，教科横断的な教育内容に関する事例から学校種別のカリキュラム編成に関する事例へ変化している。

　2020年度には，COVID-19感染拡大の影響で，オンライン研修化された。同時双方向型の研修では，「CM における評価」と「教職員の組織化」に関する講義に対して，「先進事例」として個別学校と教育委員会がセットで発表する時間が設定されている。その後，実践的課題を考える協議・演習が設定されている。オンデマンド型研修では，研究者によって提供された知を実践に即して理解するための時間として「先進事例」が位置づけられ，その理解を促す時間として研究者による解説や研究者と事例発表者の対談の時間が設定されている。

4 教員研修における実践事例の位置と課題

　「CM 研修」における実践事例は，教育課程政策の方向性や研究者によって生み出された知の実践化に向けて，受講者自身がその可能性や具体的な方策を考えるための素材として位置づいていた。そこには，「基礎（理論）→応用→実践」図式を前提とした実践志向の教育政策（曽余田 2018）の影響が垣間みえる。特に，「先進事例」は，教育課程政策の方向性や研究者によって生み出された知に照らした先進性という性質を備えていると考えられる。教員研修における実践事例は，教育課程政策や研究者によって生み出された知の実践化に資する記述だけでなく，実践のプロセスやそこで生じる困難や葛藤を共有するための素材として理解する必要がある。

　フロアや登壇者との議論の中では，「CM 研修」に関与する研究者が，研修

講師という立場だけでなく教育行政による様々な事業に関与しながら，実践事例の選定や知見の提供に取り組んでいる可能性を示した。また，「CM研修」における「受講者事例」は，経営学での実践事例の位置づけと比べて，自分の経験を振り返ることよりも改善手法の獲得に重点が置かれていることが指摘された。 （吉田　尚史）

[謝辞]
　資料の収集・分析・報告を許諾していただいた独立行政法人教職員支援機構の皆様に感謝申し上げます。

II　学術的貢献と学校現場への貢献から見た「良い」実践事例

1　フォーラムでの報告の目的
　フォーラムでは，学術的貢献と学校現場への貢献の観点から，あえて立場を分けてそれぞれの特性や課題について提示するとともに，実践事例の記述の方向性や取扱い，価値に関する話題提供を行った。報告者自身は教育行政や管理職を含む学校現場経験があり，理論的検討を交えて事例研究や開発研究を重ねてきたことから，それらの経験を踏まえて整理を試みた。

2　本学会及び近隣学会における実践を対象とした研究や報告
　本学会紀要では「教育経営の実践事例」を設けている。その目的については「特色ある教育経営の実践事例を紹介・分析する論文を掲載すること」と規定されている。ここでは記述内容を方向付ける「紹介・分析する論文」に着目したいが，編集内規等にはこの点の内容構成に関する規定はない。
　近隣学会紀要に着目すると実践を対象とした投稿区分として，「研究」や「報告・紹介」を指向したものがある。後者については，総じて，特色のあるあるいは先導的な，実践の報告や紹介に重点を置き，考察や具体的な提言を行ったもの，と規定されているが，それ以上の内容構成に関する言及はない。

3　学術的に貢献する「良い」実践事例
　学術的な研究活動では，教育経営の諸事象について研究枠組みに基づいて分析・考察し，学術的知見の蓄積や社会的貢献を目的としている。また本学会を

めぐる状況として，学校経営へのコンサルテーションや教職大学院の広がり等により，実践への関与が強まっている。実践事例についても，実践文脈の解釈や理解，実践の理論化など，各学術的研究者の研究関心や在り方に応じて，意義を見出すことが可能な記述を探求したいところであろう。

　課題としてここで着目したい点は，「各学術的研究者の研究関心や在り方に応じて」であり，これに伴う実践事例に対する認識や評価の多様性である。他の学会紀要に関する議論にはなるが，市川（2018）は学術的研究者による実践研究に対する評価の質的個人差が極めて大きいことを指摘し，その背後に新規で有効な実践の提案を重視する開発志向の因子と，実践に対する詳細な分析を重視する分析指向の因子の存在を挙げている。また査読者間のコメントの不一致は一般原著論文よりも実践研究論文で起こりやすいと述べている。学術誌において実践事例について査読が実施される場合には同様の状況が考えられる。

4　学校現場に貢献する「良い」実践事例

　山﨑（2002）は，実践において教育目標・経営目標に対する効果的な教育活動・経営活動を考えた改善の重要性を指摘している。学校現場への貢献には，実践の改善やそのアクターである教員や組織の力量向上に寄与する実践的有用性や適切性の担保が求められよう。その際には単に改善の方法論を説明した「すぐに役立つ」直接的有用性に関する記述にとどまらず，実践の文脈やプロセス，背景，葛藤や課題，他者の援用可能性に配慮した実践の整理や省察といった間接的有用性に関する記述が期待される。これは文脈に身を置くものでなければ記述できず，実践の立体的な想起や参考点など多様な示唆を与えるであろう。

　しかし，ここで課題となるのは，学校現場の文脈に身を置く教員が学会紀要など学術的研究者のニーズも満たす実践事例を記述する場合には，相応する研究的力量が求められるであろう点である。ここでの研究的力量とは学校現場の校内研究における力量とは異なる。分析指向の学術的研究者のニーズを満たすことは難度が高い。一方，開発志向のニーズについても，テーマに応じ実践を文脈から切り取り，先行実践や先行研究との関係を記述に織り込むなどは容易ではない。学術的な手続きを記述してもそこに紙幅を取れば，直接的・間接的有用性に関する部分の記述が限定され，実践を立体的に描くことは困難になる。

　研究的力量の養成については，校内研究や教育行政機関に求めることは研修

の目的と齟齬があり期待できない。よって教職大学院への派遣研修等を通じて基礎的な力量の修得が期待されるが，修了後における日々の実践と多忙な業務の中での力量の自律的な運用の困難については，一定の理解が求められよう。

5　実践事例の方向性

　仮に議論を学会紀要に限定するならば上述のような査読の問題が生じる。市川は査読者に実践者を加えることや掲載時にコメントとして意義付け等の添付を提案している。その目的は実践者による投稿の活性化である。本学会では教職大学院経営コースの普及等により学校現場に身を置く会員が増加し，実践への貢献が一層求められ，学術的研究のテーマにも影響を与えている。本学会の目的である「教育経営の研究と実践を促進し，その普及を図ること」を志向し，継続的に検討していきたい。　　　　　　　　　　　　　　　　（長倉　守）

Ⅲ　事例をめぐる二つの位相

　「事例」について議論するフォーラムならば，経営大学院で長らくケースメソッド教育に関わってきた者として，教育経営学の学会大会に何か貢献できるかもしれないと考えた。終えてみて，そうなった部分もあったが，そうならなかった部分もあった。それは，経営学の内部では論理的に整えたつもりの「事例」の位置づけを，教育経営学にそのままは転用できないからである。

　報告者は，実践学問の主たる機能を，次のように構成してフォーラムに臨んだ。おおかたの実践学問には，①学理論的な知識を創造する学術研究という営み，②学術研究者を目指す者たちを訓練して研究能力を高める研究者育成という営み，③学術研究者とは異なり，実務における実践上の成果が期待されている者たちを育成する実践者育成という営み，の３つの側面があるという構造理解である。実践学問とは，当該の学問領域に学術研究と実務実践が共存しているものを指す。より平たく言えば，「現場」をもっている学問である。医学，法学，社会福祉学，国際関係学，経営学，商学などがこれに当たり，教育学もその典型として，そこに含まれるだろう。

　上記の①②③は学問の内側の機能であるが，その外側には④とも位置づけ得る実務の実践がある。それは多くの場合，学問とのつながりを意識することなく実践されるが，学問という部屋の窓からは実践がいつも見えていて，学問が実践を絶えず気にしていることは重要である。

　事例が実践の記述なのだとすると，記述者の立ち位置が重要になってくる。このことはそのまま，事例の価値の置きどころという論点にもつながっていく。事例の記述者が研究者ならば，記述した事例を研究上の論証の材料として使いたいと，まず考えるだろう。研究者にとっての事例の情報的価値は決して小さくはないが，事例を用いて考察した末に得られる新しい知識にこそより大きな価値があると考えている。事例解釈は論考に必要な手続きなのであり，事例それ自身は知識を創出するための燃料あるいは触媒に近い存在である。一方，事例の記述者が実務の実践者である場合，他者の実践を事例として記述するなら，それが自分自身の実践の成果ではないとしても，自分の実践を情報の次元で疑似的に拡張することになる。また，実践者自身が自らの実践の成果を書き出すのであれば，その記述物は自らの職務への誇りをも映し出すし，職務へのエンゲージメントの現れでもあり，愛着の対象にもなるだろう。事例の意味は，このようにその書き手によって，また使い手によって位相を異にする。本フォーラムが巻き起こした大会当日の会場の空気には，いくつかの立場が交錯していたように感じられた。

　研究者が捉えたい事例と実践者が捉えたい事例には，言葉としての，あるいはその意味するところのものとしての位相の違いがあり，どちらか一方から他の一方に向けて両者の統合を試みることが，知的に豊かな作業になるとは考え難く思えた。実践事例をめぐり，「事例の位置づけを論理としてどのように整えるか」という問いと，「人々の心が事例をどのように捉えたがっているか」という問いは，簡単には交わりも融け合いもしそうもないが，どちらも真実の問いであり，ともに尊重すべき問いなのである。研究者の視座や理論化願望を前面に出せば，事象をうまく整理でき，そこに明快な論理を示せば確かに気持ちもよいわけだが，論理による線引きによって，皆が生産的になれるとも考え難い。そのような線だったらいっそ引かずに，事態を多少混乱させたままにしておくほうがよいようにも感じられた。留意したいのは，研究者が論理だけを手がかりにして実践者との間に引く線によって，実践者にとっての事例価値が損なわれないようにすることではないか。これは研究者と実践者の相互尊重価値をどのように具現化するかという問題でもあり，学問の内部に，あるいは学会の内部に，研究者と実践者の共存度を高く維持している教育育経営学会が丁寧に検討し続けるべき問題だと考えたのである。

　このように考えるに至ったのは，本フォーラムがきっかけになって報告者自

身が新たに認識しはじめた「事例」の価値であり，本学会においては「事例」が研究者と実践者をつなぐ「架け橋」になっている認識である。この架け橋の価値は，建築学的な完成度ではなく，橋を往来する人々の感情と信念を支えている度合で測られるべきであり，少々渡りにくくとも，そこに橋があること自体に意味があると考えた。

　話は変わるが，近年の経営学研究において事例研究は少数派で，ジャーナルランキングの上位誌に掲載される論文は計量研究が主流である。これに対して，教育経営学研究（それを教育学研究全般に拡張しても）においては，今でも事例研究が活発かつ多様だと思え，教育学の前進，そして教育実践の前進に大きく寄与していると感じられる。経営学と教育学の学問上の性格の違いも考慮すべきだが，その背景に，研究者と実践者の共生と，それゆえの程よい混乱があるのだとすれば，これこそが本学会の価値基盤のようにも思えている。

（竹内　伸一）

Ⅳ　論点提示：実践事例の多様な扱われ方を整理する

1　教育経営の実践事例をめぐる課題状況

　本学会が「実践事例の記述」の在り様を考えるうえで認識しなければならない課題は三点あろう。第一は，「臨床的アプローチ」の現在地である。小野他（2004）では，それまでの教育経営研究の在り方を批判的に問い直し，特に近代科学的知を批判する潮流の中で注目されつつあった臨床の知に向き合う教育経営研究を構想した。そこでは，知の非階層性や科学的合理的知とは異なるがそれと対等な価値を持つものとしての臨床の知への着目があった。しかし，学会全体がこのような「臨床的アプローチ」の意義やその内実を理解・共有する研究コミュニティになりえているか否かを問うならば，今のところそれは未成熟なままであるといえよう。その一方で，「臨床的アプローチ」に代表されるような教育経営学的「有用性」の捉え方自体を問い返そうとする動きも現れてきている（例えば水本他 2019）。本学会で実践事例がどのような意図を持ってどのように記述され，扱われているのかという問題は，教育経営研究の学問アイデンティティにも関わる論点である。

　第二の課題は，本学会が「実践事例」を記述する担い手を育て，事例を蓄積する場となりうるのか否かである。今日の学校現場では，純粋に「実践記録」と言いうるような事例の蓄積自体が十分に機能していないと思われる。実践を

記述・蓄積し，他者と交流・共有し，次の実践へつないでいくような場はどこにあるのかが見えにくくなっている。行政研修の義務性が強くなるとともに相対的に権利としての研修機会が失われており，自主研修団体の影響力が希薄化している。わかりやすい方法論やツールは広がるけれども，実践そのものは共有されないという事態が拡大している。そのような状況の中，自他の挑戦的な実践や新しい試みを広く共有したいと考えている実践者が，実践事例を記述，公表しながら丁寧に吟味するような場を提供する責務はないだろうか。教育経営研究のための実践事例だけでなく，スクールリーダー教育のための実践事例の収集も学会の役割範囲に含んで考える必要があるのではなかろうか。

　第三の課題は，「実践事例の記述」や「実践研究論文」に求められる要件，評価の観点が可視化されていない点である。場を用意していくことが学会として役割範囲に含まれると考えるならば，そのような場に持ち込まれる実践事例はどのように記述されている必要があるのか。この点を学会内の議論によって共有可能な見通しへと練り上げていかなければならない。科学的合理的知を創出する事例のみでなく，スクールリーダー教育の学習材になりうるか否か，すなわち，多くの議論を引き出す可能性があるか否かを観点とする実践事例の取り上げ方について，その是非を議論していくことが必要であると考える。

2　二つの"教育学"が引き起こしているジレンマを超える

　そこで，改めて実践当事者による研究に関わる「実践事例の記述」の複数の在り方について考えてみた。実践研究論文には，例えば，「学術的貢献／実践的貢献」，「科学的合理的知の産出／臨床的有意味性の創造」，「再現性・一般化可能性／一回性・個別文脈性」など，複数の二項対立に見える価値が内在している。フォーラムでは，このような複数の価値がどのような布置関係となっているのか，これを理解する手がかりとして鈴木（2022）を参照した。鈴木はルーマンのいう「教育システム内の教育学」と，「科学システム内の教育学」という二つの教育学について論じている。実践と研究の間の齟齬や接続の困難さを眺めた時に，二つの教育学がそれぞれに異なるシステムで作動していることに対する無自覚が引き起こしているジレンマの一つとして，実践研究論文の在り方の多様性を理解することができるのではないだろうか。

　例えば，実践研究論文に求められる要件について，図のような整理のための枠組みを想定してみた。①真偽を問題とする科学システム寄りなのか，適否を

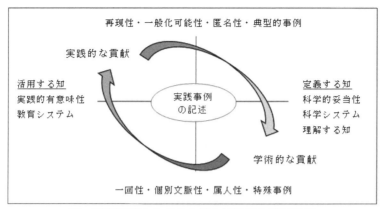

図　実践事例をめぐる多様な価値観の付置関係

問題とする教育システム寄りなのかによるＸ軸，②全体としての"リアル"（再現性，一般性）と個別の"リアル"（一回性，個別文脈性）のグラデーションで描かれるＹ軸である。この２軸で４象限を設定してみると，様々な実践・研究領域での実践事例に対する価値の置き方の違いを相対的に捉えることができる。この枠組みで眺めたとき，スクールリーダー教育を念頭におくような，「実践事例の記述をトレーニングする場」や「実践事例を集積する場」はこの図の中ではどこに位置づけられるだろうか。

　このような見取図を手元に共有しながら，様々に語られる疑似的な二項対立の意味を捉え返したい。そのうえで，一見すると相反しているように見える複数の価値の間を往還する思索を引き出すような，学習材となり得る実践事例こそが GRP であるという認識を共有していくことはできないだろうか。改めて本学会の立ち位置を検討し，再構築していくことが必要であると考える。

（安藤　知子）

Ⅴ　総　括

　今回の実践研究フォーラムでは，参加者にグループを作ってもらい，登壇者からの話題提供と論点提示の後，グループのメンバーでそれらについて考えたことや各自が経験している事柄を自由に語り合う交流機会を設けた。

　各グループで話題となっていた主な内容は，実践研究ならではの書き方やその価値を何に基づき判断するかといった論文化の方法とその価値づけに関する

こと，実践者による実践事例の記述に研究者がどのように関わっていくかといった研究者の位置づけに関すること，教職大学院を主たる場とした具体的な実践研究の指導をどう考えるかといったことであった。

その後，各グループで交わされた話題の報告，登壇者への質問が出され，教育現場における実践は再現性と一回性にこだわらずになされているのではないか，実践そのものが研究であり実践者は研究をしているが，それが大学や学問の世界での「研究」とは異なるものとして前提されていないかといった意見が出され，そういった問題が議論されなければ，実践研究や実践研究論文を学会においてどのように位置づけていくかはみえてこないとの指摘もなされた。

それらの意見を受け，各登壇者から自身の報告の中では実践をどのように位置づけているか応答がなされ，そこからは，「実践」という言葉のもつ多義性，「研究」という言葉が意味する範囲の広さが，議論を複雑にしていることがみえてきた。また，実践と研究は本来一体のものであり，どちらも研究という表現が可能であること，実践者と研究者とを分けることはできないことを前提としつつも，議論が知の階層性に回収されてしまわないよう，あえて，教育活動の中で自分たちの営みを良くしていく研究を「実践」と称し，科学的に真か偽かが問われるものを「研究」と称して，両者を区別して議論することも必要であるのではないかとの考えが提案された。

その結果，今回のフォーラムでは，実践研究に取り組んでいる者がその研究デザインや論文化において様々な困難に直面している現実があること，そしてその指導に携わる者も明確な指導基準を持てずにいること，「実践と向き合う」主体としての姿勢を問いきれていないことなど，現実の実態や問題の特徴がもっと具体的に整理される必要性がみえてきた。それは，学会としてそれらの問題にどのように向き合うかを考えるうえで不可欠な作業であり，本委員会が具体的に取り組む課題としての重要性を確認することとなった。

（髙谷　哲也）

[引用文献]

・市川伸一「教育実践の論文化と査読をめぐって―『実践研究報告』への期待と提案―」『教育実践学研究』第20巻1号，2018年，1-7頁。
・水本德明・畑中大路・臼井智美・柏木智子「学校経営の質的研究の展望」『京都教育大学大学院連合教職実践研究科年報』第8号，2019年，23-36頁。

・小野由美子・淵上克義・浜田博文・曽余田浩史編著『学校経営研究における臨床的アプローチの構築─研究─実践の新たな関係性を求めて』北大路書房，2004年。
・曽余田浩史「臨床的アプローチから見た教育経営学の現状と課題」『日本教育経営学会紀要』第60号，2018年，42-56頁。
・鈴木篤「科学システムとしての教育学と教育実践の関係性再考─N.ルーマン科学論における学問領域の細分化過程と観察の多元性に関する議論から─」『教育学研究』第89巻第2号，2022年，258-270頁。
・山﨑保寿「学校経営の実践的立場から見た学校経営研究─学校現場からの批判的検討─」『日本教育経営学会紀要』第44号，2002年，172-178頁。

書　評

田村知子著『カリキュラムマネジメントの理論と実践』

加藤　崇英

前原健二著『現代ドイツの教育改革―学校制度改革
　と「教育の理念」の社会的正統性』　　　　辻野けんま

葛西耕介著『学校運営と父母参加―対抗する《公共
　性》と学説の展開』　　　　　　　　　　　榎　　景子

柴垣登著『インクルーシブ教育のかたち―都道府県
　ごとの特別支援教育の違いから』　　　　　雪丸　武彦

髙野貴大著『現代アメリカ教員養成改革における社
　会正義と省察―教員レジデンシープログラムの展
　開に学ぶ』　　　　　　　　　　　　　　　太田　知実

本図愛実編著『日本の教師のウェルビーイングと制
　度的保障』　　　　　　　　　　　　　　　藤原　文雄

田村知子著

『カリキュラムマネジメントの 理論と実践』

（日本標準　2022年）

茨城大学　加 藤 崇 英

　本書は，著者が研究開発したカリキュラムマネジメントモデルを提示し，学校現場で生かせる実践的な提案を行っている。著者が指摘するように，今日，カリキュラムマネジメントに関する議論と実践は新しいステージにある。周知のように2020年度から実施の学習指導要領は，主要なテーマとして「社会に開かれた教育課程」の理念を掲げている。そのなかで「主体的・対話的で深い学び」を実現する授業等の教育活動の改善を求めている。そうした授業や教育活動を有機的に結びつけ，より大きな効果を発揮するように「カリキュラム・マネジメント」の実践が求められている。本書は，著者が長年にわたって取り組んできた研究の成果のひとつであり，同時に近年の教育政策や学校現場におけるこうした課題状況に合致した好著と指摘できる。

　本書は全16章に序章，終章を加えた全253頁にわたるため，章構成については概要のみを示す。第Ⅰ部（第1〜4章）では，まず，カリキュラムマネジメントをめぐる基本的な概念や研究の歴史を概観し，その根本的な考え方について論じている。そのうえで先行研究のモデルを踏まえ，筆者が開発したカリキュラムマネジメント・モデル（CMモデル）が提案されている。

　第Ⅱ部は，政策動向を踏まえながら理論を述べるとともに，学校現場における実践を例示しながら解説している。そのなかで「ヴィジョンと戦略」（第5章），「主体的・対話的で深い学び」を実現する授業改善（第8章），教科等横断的な視点によるカリキュラム編成と実施（第9章），組織や文化の在り方やその形成（第13章），さらに行政との関わり（第14章）やGIGAスクールの課題（第16章）など，これらカリキュラムマネジメントをめぐる具体的な解決課題について述べている。

　カリキュラムマネジメントについては，冒頭において指摘した近年の状況からも研究者・実践者の著作は少なくない。刊行本の名称だけを見れば類書も多いことになるが，研究上のディシプリンも異なるため，比較は難しい。ここでは本書の特徴的な点について，特に教育経営学に資すると考えられる知見を書評者の視点で，以下，3点を指摘したい。

　第一にモデルの提示である（第4章など）。著者の示すカリキュラムマネジメント・モデル（CMモデル）（第4章，図4—4）は，著者のこれまでの研究において示され，また，本書において紹介されているように学校現場における実践や研修においても使用されてきているものである。このモデルを概観する。もちろん「イ.カリキュラムのマネジメントサイクル」が中心に位置づけられるが，まず「ア.学校の教育目標の具現化」が反映・成果として関連づけられている。前述「イ.」は「ウ.組織構造」や「エ.学校文化」と相互の関係にあり，「オ.リーダー」の影響力，すなわちリーダーシップがこれら「イ.」「ウ.」「エ.」に関わってくる。これら「目標・内容・方法・評価系列」と「条件整備系列」を「学校内」とし，一方で「学校外（環境）」に「カ.家庭・地域社会等」や「キ.教育行政」があり，連携や支援の関係として関連づけられている。

　このモデルの提示に先立って，「教育課程経営の位置づけ」（図4—1，安彦忠彦による），「教育課程経営・授業経営方式と経営条件の関連構造（基本モデル）」（図4—2，高野桂一による），「『総合的な学習の時間』を核にしたカリキュラムマネジメントのプロセス」（図4—3，中留武昭による）など，先行研究におけるモデルを分析し，これらの長所短所を踏まえるかたちで自身のモデル構築を行っている。

　第二に評価に関する視点である（第6章など）。カリキュラムマネジメントについては，学習評価，授業評価，カリキュラム評価，カリキュラムマネジメント評価，学校評価という，学校における評価の全体構造を示し，また，最もポピュラーといえるPDCAをはじめ，R-PDCAやRV-PDCAなどのいわゆるマネジメント・サイクル論についても理論的に，且つわかりやすくまとめるかたちで紹介されている。

　さらに特徴的であると指摘できる点は「評価の枠組み自体を問い直す批判的省察」である。いわゆる省察（リフレクション）は，教育研究領域全般にわたって注目されてきた"トレンド"とも指摘し得るが，そうした省察論と評価

論の接合が意図されているといえる。前述のマネジメント・サイクル論，そして省察論と評価論，これらのエッセンスを取り入れて補強するかたちで著者のカリキュラムマネジメント論として構築されている点が特徴的であると指摘できる。

　第三に子どもの参加に関する視点である（第15章など）。評価の視点は，学習評価や授業評価が核となって同心円状に展開されるように示されている（図6—1，82頁）。こうした視点は必ずしも珍しいものではないが，実践も含めてそうした視点の主体は教師であり，学校である場合が多い。しかし，本書では，ここに学習者である子ども（児童，生徒）をいかに介在させるか，どう主体者として位置づけるか，これらが課題視されている点が特徴であると指摘できる。

　このことは，例えば「学習評価を起点としたカリキュラムマネジメントの実践事例」（第7章，第3節，101頁）として京都市立葵小学校の実践事例を分析するなかで表れている。同校の事例として「児童と共有するルーブリック」として，10の評価指標を3段階のルーブリックで表現した「あおいGlid」（表7—2，102頁）が示されている。児童は自分たちでルーブリックをつくることにも取り組んでいる。そして授業の振り返りシートをそのルーブリックを使って自己評価する。こうした取り組みによって「児童が自らの学習をメタ認知」することができる。これらについて教員は学年会等で共有する。すなわち「児童の姿に基づき，目標や授業や評価，そしてカリキュラムについて対話する教員間のコミュニケーション」としての過程が指摘されている（106頁）。

　最後に，上記に指摘した3点に沿って，本書に関わる論点について指摘したい。なお，説明の指摘する順序は逆になる。第一に，子どもを主体としたカリキュラムマネジメントがどれだけ有効であり，またどれだけ取り組む必要があるのか。マネジメント課題として明らかにする必要があるのではないか。第二，評価とリフレクションについて，その定義の異同や相違についてである。ループ学習等も合わせて，具体的に何が“サイクル”となるのか。第三に，カリキュラムマネジメントと学校マネジメントの理論的な関係性である。「カリキュラムマネジメント研究への批判」（42頁）については，紙幅がそれほど取られていないので詳細はやや不明瞭であるが，他の論者と議論が噛み合っていない印象を受ける。カリキュラムを学校がマネジメントしていくことについて研究的にどのように位置づけ捉えていくかという課題は，著者の述べるように

学界のどこかで「プラットフォーム」をもって議論する必要があり，いずれに
してもそうした課題を訴求し，提示していることも本書の成果として指摘した
い。

前原健二著

『現代ドイツの教育改革―学校制度改革と「教育の理念」の社会的正統性』

（世織書房　2023年）

大阪公立大学　辻野　けんま

　現代ドイツの教育改革に関する比較教育学的な見地からの研究には，「様々な政策や制度改革を状況に対する合理的な選択とみなして解釈，説明する方法的な態度を意味」する「機能主義」的な性格が見られがちである。「それらの研究はそこに至る過程に存在した対立や葛藤に言及することが少なく，様々な政策や制度改革がその時々の状況に照らして他に選択の余地のない合理的なものであったことを指摘する傾向がある」（序章）。──本書はこのような日本の関連研究の動向へ異議を唱え，「政策や制度改革の過程には常に多様な論点と選択の可能性が存在する」（p.26）と問題提起する労作である。

　本書は，「第1部　教員をめぐる制度改革」「第2部　学校の自律化の理論と政策」「第3部　ドイツにおける学校制度改革の理論と動態」の3部構成をとり，本章全10章に序章および結論を加えた構成をとる。第1部に配された3つの章では，主に，ドイツの教育行政を特徴づける「学校監督論争」（第1章），「教員の業績評価の制度と実態」（第2章），「ドイツにおける学校改善支援策としての教員研修改革の動向」（第3章），について論じられている。ここでは主に，「学校監督の法的監督への縮小」が実現されなかったこととその教育学的な可能性，教員評価の機能・現状と可能性，ニーダーザクセン州を中心とした教員研修改革，などについて詳しく検討されている。

　また，第2部に配された3つの章では，学校制度改革との関連づけられた「『学校の自律』の教育学的検討」（第4章），「ドイツにおける『学校の自律』の法的保障」（第5章），「校長意識調査を素材とした『学校の自律』の実態の分析」（第6章），について論じられている。ここでは主に，「学校の自律」の当否について法制度と教育学的議論の関係性からの検討，ヘッセン州における

「学校の自律」政策の形成過程と動態，原著者による中等教育段階の学校長に対する大部な質問紙調査，などが行われている。

そして，第3部に配された4つの章では，ドイツにおける「分岐型学校制度改革の破綻要因の検討」（第7章），「2000年代における学校制度改革論議の再構築」（第8章），「『二分岐型』学校制度の論理と政治過程」（第9章），「ギムナジウム修学年限改革の政策過程」（第10章），について論じられている。ここでは主に，学校制度改革における教育言説の「社会的正統性の調達」の観点からの分析，PISA以後に「均質性」神話と「才能理論」神話が結びついた学校改革の動因分析，政策過程としての「教育の理念」と行財政的合理性の事例検討，などが詳しく示されている。

本書がよって立つ概念のひとつとして，「ある制度のパフォーマンスが他の制度のパフォーマンスによって強められるような依存関係が存在する時」に存在する「制度的補完性」（p.7）を原著者は挙げている。ここから，多くの比較教育学的な研究が「機能主義」的な性格をもつ傾向を批判し，「制度改革を導く新しい教育の理念の提起と社会的正統性の調達の成否，制度改革の過程，実装された制度の動態により強く注目する」（p.27）のが本書の特徴となっている。

学校制度が「新しい教育の理念」という「外力」を受けて変容するものでありながら，それが社会的に定着するか否かは「社会的正統性」が「弾性限界」を越えるか否かにかかっているとの見方（p.262）もまた，本書において重視されている視角と言える。以上のような学校制度への視角は，換言すれば，しばしば因果を単線的に帰結しがちな「機能主義」に対して，そうではなく「過程」や「動態」を多様な文脈の関係性から捉え直そうとするものとも表現しうる。ドイツの学校制度を対象とする研究が少なからず存在する中で，本研究はこうした視角を丁寧な先行研究レビューとその批判的検討によって提起している。

原著者がこのような視角を採用する根底には，「新しい理念や考え方は多くの場合，社会の周縁部から生まれ，社会的に認知され正統化されることによって『制度化』されていく，あるいはそうした認知を獲得するに至らず潰えていく」（pp.8-9，p.261）という，「教育の理念」の重要性をひとつの理念モデルとする見方があると考えられる。これは原著者がH.-D. マイヤーの議論を参照したものである。ただし，原著者は特定の論者のみに依拠した分析視角を採用

しているわけではなく，数多の先行研究・関連研究のレビューからいくつかの
重要な研究を抽出し独自に統合していると考えられる。この点は序章に詳述さ
れているが，本章の随所に垣間見られる特徴でもある。

　研究対象の特性についても言及しておきたい。まず，本書の前半と深く関わ
る「学校監督」「教員の教育上の自由」「学校の自律化」などのテーマ群は，す
でに日本でも複数の先行研究が存在する。原著者はそれらの諸研究を視野に入
れながらも，制度改革や政策形成の過程を上述した視角から独自に分析する。

　加えて，原著者自身が自覚的に論究しているように，ドイツにおける教員の
業績評価（第2章）および教員研修（第3章）に関する日本の先行研究は手薄
な状況にあり，これらを詳しく論じたことの意義は非常に大きいと言える。

　また，本書の後半では，「校長意識調査」として原著者自身による大部なア
ンケートが実施されている点が特筆される（第6章）。この調査は，ヘッセン
州全土の中等段階の公立学校を対象としており，300以上の多様な学校種の校
長からの回答（回収率57.4%）を得て分析されている（p.144）。州文部省の許
可を含めいくつものハードルがある中で，これだけの規模のアンケートを実施
し校長の意識に迫ろうとしたことの意義は特筆される。

　紙幅の制約から調査結果の詳細を述べることは本文に譲らなければならない
が，校長の意識レベルにおいて市場的競争による改革は学校現場に必ずしも浸
透していないことや（pp.155-156），複数の学校種の中で「総合制学校」（制
度的には後発にあたる）の校長には「理念を掲げ，その承認を求めて競争し続
ける学校」といった回答傾向が見出されること（p.156），「学校の自立（自律）」
の規範性が「当然に学校によい結果をもたらすと信じられているわけではな
い」こと（p.158）等の重要な知見が得られている。こうした結果はいずれも，
「機能主義」に陥らず「動態」を捉えようとする本書の分析視角に連なってい
る。

　以上のような本研究の意義に敬意を表しつつも，本研究の課題についても評
者なりに論究しておく責任はあると心得る。本書には，ある時代ある地域にお
ける学校制度改革や教育政策に関して，筆を起こすための仮説的な評価があら
かじめ存在する。たとえばそれは，「学校制度の法制化」の「破綻」（第1章），
教員研修の「低調」（第3章），ギムナジウム修学年限（G8／G9）をめぐる
「錯綜」（第10章）などと表現されている。これらは筆者独自の評価というより
は通説的な見解に近く，特段の疑義が呈されるべき点ではないのかもしれない。

しかし，制度（化）には複数の意思が交錯するのが常であり，また制度そのものが変態し相互作用しあうが故に時間軸もまた評価（価値判断）に作用すること等を鑑みるとき，ある評価（通説的見解であっても）がいかなる判断においてなされているか詳らかにされてほしいところである。

　もう1点，本書が対象とする学校制度とは，統一以前の旧西ドイツおよび統一後のドイツに大半の紙幅が割かれており，旧東ドイツへの目配りは少ない。これは，ドイツを対象とする教育研究一般に該当することであり，原著者のみに帰されるべき課題とは言えない。（評者自身も自己批判すべき課題である。）しかし，学校制度改革の「過程」や「動態」を鋭く捉える本研究であればこそ，統一前の制度の異質性が現在のいかなる異同へと連なるのかを明らかにしうるはずだ。なお，分岐型学校制度改革（第7章）およびギムナジウム修学年限改革の政策過程（第10章）を扱う各章においては，旧東部諸州の動向への論及がなされている点を付記しておく。こうした点は，原著者の研究がすでに東西をまたぐ視野から着手されていることを感じさせる。

　付記しておきたい本書の特徴のひとつに，全ての章を通して丁寧な注釈が付されていることがある。これを枝葉と見るか根幹と見るかは読者によって異なるかもしれないが，一連の注釈はドイツの教育事情に必ずしも詳しくない読者が内容を正確に理解するために必要な情報であり，それを分かりやすく整理したものとなっている。

　以上，評者の理解に限界がともなうことを自認しつつも，本研究の特質について述べてきた。最後に，戦後ドイツの学校制度には日本から多くの研究関心が寄せられてきた。それら先行研究の軌跡の上に，本書はまた新たな制度研究の視角を投じたと言える。その意味において，本書が研究動向のひとつの画期をなしたことに敬意を表したい。そして，本研究の成果を礎として後続の研究が今後さらに開花していくことが期待されるであろうし，評者もまたその一端を担いたいと願う一人である。

葛西耕介著

『学校運営と父母参加―対抗する《公共性》と学説の展開』

長崎大学　榎　　景　子

　本書は，2019年度に東京大学に提出された博士学位請求論文「学校運営への父母参加の思想と制度の研究―日本の諸学説の検討を通して」に一部加筆して刊行されたものである。全640頁に及ぶ大作である。

　まず通読して，教育学分野にとどまらず，法学，社会思想史，政治学などの研究が領域横断的・学際的に渉猟され，かつ国際比較も通じて分析が進められることに圧倒されることとなった。にもかかわらず分析視角や論理展開が説得的・明解で，諸学説が構造化して示される。この点で学問的貢献度が高い。

　教育経営学分野においても「(学校) 参加」は，ここ20〜30年の主要な研究トピックの一つだが，本書によれば，戦後以降の学術研究では，行政レベルの参加と区別される「学校固有の参加制度」の追求が弱く，「親」が住民と一括りにされ，固有の対象として適切に取り上げられてこなかった。これらの背景として，公教育と親の原理的な関係にまで立ち返った検討がされていないことが問題として挙げられる。その上で，日本の学校参加制度を，「親の権利」に基づくものへとつくりかえることが企図される。

　以上から本書は，「親の権利」を発展させる契機として，単に外国研究から規範を示すのみでなく，日本の先行学説に少数ながら存在する「親の権利に基づく学校運営への参加論」を，その背景や対抗関係とともに描き出すことが重要であるとし，次の解明課題を導出する。すなわち，「戦後初期から現在に至る学校運営への父母参加についての諸学説を検討することで親の教育権や父母参加の類型（"型"）をめぐる対抗を学説史的に明らかにして，学校運営への父母参加論の通時的・共時的展開を構造化すること」(61頁) である。以下，各章の内容を簡単に紹介しつつ，僭越ながら若干のコメントを試みる。

　本書は 7 章構成である。第 1 〜 3 章は総論で「親の教育権に関わる全体的な状況を研究領域横断的また歴史的に明らかに」（10頁）するものとなっている。

　第 1 章では，上記の解明課題とともに，研究の方法と視角が示される。本書が採用する分析枠組みは，3 つの時期区分（45-50年代半ば/-80年代半ば/-現在）と 5 つの公共性論（国家的-/労働者的-/国民的-/市民的-/市場的-）である。公共性論の採用は，「学校運営への父母参加」が私的自由の保障とともに共同性の構築・回復を志向するものであり，そうした諸個人間の統合方式（＝公共性）の理解の仕方こそが，「父母参加の肯否・原理・方法に差異」（63頁）を生むと考えるからである。この公共性のヴァリエーションの立て方こそ本書の優れた特徴の一つと考えられるため，後に改めて触れたい。

　第 2 章は，日本の「教育権」概念の学説展開を歴史的に検討する総論的な章である。「教育権」は，国民全体を主体とした「主権的」理解から，個人としての教師（・親）を主体とした「人権的」理解へと歴史的に転換していく。そして現在までに「教育権」の享有主体は国民でも教師でもなく親であるとの理解が隆盛するが，これらの学説においては，親の子どもとの対内的な「親権」理解の仕方が，親の学校との対外的な「親の教育権」（狭義）の内容・効力に差異をもたらし，「拒否権」「参加権」「学校選択権」の各立場に分岐することが説明される。その上で，父母の学校運営への参加権を肯定するには，第一に子どもの権利への応答という「親権」の義務的性質を捉えることで「親の教育権」を肯定する立場をとるとともに，第二に親の要求に応答する教師側の自由の保障―すなわち，内外区分論―が必要であることが述べられる。

　これらを踏まえ第 3 章では，上記の対内的関係（私法領域，「親権」）と対外的関係（公法領域，「親の教育権」）の牽連関係から，父母の学校運営への参加が認められてこなかった理由が検討される。本書は，父母参加を肯定するには，前者を基礎とした両者の統一的把握が必要であるが，憲法学と民法学の断絶で統一的理解が間隙になっていたこと，他方，堀尾輝久の公教育思想とそれを受けた兼子仁の教育法原理など教育法学が間隙を架橋していたことが示される。

　第 4 〜 6 章は各論的であり，親の教育権の内容・効力が分岐する学説史的動態を 5 つの公共性論の視角から思想的・制度的に具体的な分析が進められる。

　注目すべきは，「国民の教育権」論として一括りにされてきた諸学説を，その前提とする公共性理解に着目して《労働者的公共性》《市民的公共性》《国民的公共性》の各立場に分類することで，その対抗関係を浮き彫りにしている点

である。これらは，「国家」対「国民」あるいは「階級」と，「国家主権＝国民主権（主権）」対「個人の権利（人権）」の二つの対抗的理解で分類されているといえる。こうした公共性理解の違いが50〜80年代半ばに，労働者の自主管理論，学校自治への父母参加論，国民の行政参加論という制度形態と，そこでの主体理解に明確な差異をもたらしたとされる（第4章）。

　他方，「親の権利」論が隆盛する80年代半ば以降は，「参加権」のほかに，《国民的公共性》に立ちつつ親の市民的自由で公権力に対抗する「拒否権」（奥平康弘）や，《市場的公共性》に基づく「学校選択権」（黒崎勲）を主張する学説が登場する（第5章）。また同時期に「参加権」を言う学説からは実定法に基づく制度論が主張されていくが，それらは《市民的公共性》の立場から「親の教育権」に固有の性質を認め内外区分論を維持した学校自治論を提起する学説（今橋盛勝・佐貫浩）と，《国民的公共性》の立場から「主権への参加」「統治への参加」を提起する学説（坪井由実・結城忠）に区分できることが説得的に示される（第6章）。現行法下の学校運営協議会は自律的学校経営論の学説系譜として後者に分類され，かつ教師の応答する自由が保障されていないことで，「行政意思に連なる学校の支援ないし下支えのために親集団ないし住民の擬制的な教育意思を調達する制度」（446頁）と鋭く批判される。同制度が学校支援としてのみ機能することは従来も批判されてきたが，その批判の根拠が「親の教育権」論と公共性論の理解から，論理的かつ鮮やかに導かれている。

　これら全6章を受けて，第7章は，国際比較上の日本社会の思想的特徴，すなわち《国民的公共性》の形成過程を発展的に探究している。

　最後に評者の関心から今後の期待を述べたい。本書で特に示唆的であったのは，子ども・親・教師など教育領域に固有の権利は，「個人」帰属ではなく，相互の「関係性」そのものを権利として保障されるべきもの（関係的権利）であると，先行学説をもとに主張していることである（205，556頁）。これら権利観の違いは，制度・経営のあり方を大きく規定することは間違いない。他方，父母の学校参加においては親の教育権の共同化が重要となるが，親相互の要求の対立・調整と組織化に向けて，教師との関係だけでなく，集団としての親の関係性をどう保障し制度化するかは（395-397頁等を参照しても）読み取れなかった。親の主権者化を相対化するとしても，子どもの教育保障に向けては，大人の「発達」（可変性）をも重視し，親相互の学習と変容の契機を制度化していくことが重要になるのではないか。評者も今後の研究課題としたい。

柴垣登著

『インクルーシブ教育のかたち―都道府県ごとの特別支援教育の違いから』

（春風社　2022年）

西南学院大学　雪 丸 武 彦

　本書は，日本的インクルーシブ教育システムの特質と課題について，インクルーシブ教育導入の政策過程における議論や都道府県間で生じている特別支援教育の差異に着目して検討するものである。そして，それらの検討結果を手がかりにインクルーシブ教育を実現するための方策を提案するものである。

　障害者権利条約の批准に向け国内法整備がなされた2000年代後半から2010年代前半，日本で初めてインクルーシブ教育が重要な政策イシューとして取り上げられた。周知の通り「インクルーシブ」の原則論に立ちその推進を目指した内閣府の「障がい者制度改革推進会議」（以下，推進会議）と，2007年を起点とする特別支援教育の推進の先にインクルーシブ教育実現を見出した中央教育審議会初等中等教育分科会「特別支援教育の在り方に関する特別委員会」（以下，特特委）との対立は深刻なものであった。その後の展開をみると後者の立場が採用され現在に続いている。

　著者の問いはインクルーシブ教育が目指されながら「なぜ現状維持がなされ，これからも維持しようとしているのか」，そして都道府県の特別支援教育に関する各種指標に関し「差異の要因は何か」であり，それらを踏まえ「現実的にインクルーシブ教育を実現するための方策は何か」である。インクルーシブ教育に関しては分離や統合に関する理念的議論がなされる傾向にあるが，本書は現実的な提案を行うことをねらいに財政，制度面での検討を行っており，大きな特徴となっている。

　本書は序章に続き第1～6章，終章，及び立岩真也氏による解題「せめて止まらないために，調べる，引き継ぐ」で構成される。以下，第1～6章及び終章の概要を簡潔に述べる。第1章「就学先決定の仕組みから見た日本的インク

ルーシブ教育の特質と課題」では，特特委の議論から障害児の就学先決定における保護者の位置づけの推移が明らかにされる。すなわち，就学先決定において保護者の同意を要件とするか否かが議論されたものの，意見の整理段階でそのねらいを大きく変化させる形でまとめられ，結局は保護者の意向を最大限尊重し，最終の決定は市町村教育委員会が行うというほぼ従来と変わらない状況が維持されたことを明らかにしている。

第2章「財政面から見た日本的インクルーシブ教育の特質と課題」では，推進会議と特特委の財政面での議論が検討される。それにより推進会議ではインクルーシブ教育の理念を実現する財政面での議論がなく，結果として現状が維持されたことを明らかにしている。

第3章「小中学校の特別支援教育体制整備における都道府県間の差異の状況と要因」では，特別支援学校教員1人当たり児童生徒数，通級による指導担当教員1人当たり児童生徒数，特別支援教育支援員の活用状況，特別支援学校費の状況，特別支援教育対象率の状況などの指標から都道府県の差異が明らかにされる。すなわち，特別支援教育支援員の活用状況に都道府県の財政力の影響が見られるが，他の指標はその影響が見られず，教育費の支出方法（国庫負担，地方交付税措置）や教育委員会の意識の違いが影響することが指摘される。

第4章「特別支援学校費の都道府県間の差異の状況と要因」では，特別支援学校在学者1人当たり経費に関して，都道府県の財政力や特別支援学校児童生徒数などとの関連を通じて差異が明らかにされる。すなわち，都道府県の差異の要因として財政力よりも学校規模（1校当たりの児童生徒数など）という特別支援学校の整備状況の違いにあることが指摘される

第5章「特別支援教育対象率の都道府県間の差異の状況と要因」では，特別支援学級対象率が高い都道府県ほど特別支援教育対象率が高く，また自閉症・情緒障害者が在籍者の中で高い割合を占めることを示している。このことから自閉症・情緒障害特別支援学級対象率がインクルーシブ教育推進の指標となることを示唆する。

第6章「インクルーシブ教育実現のための方策」では，インクルーシブ教育実現のために，教育費支出方法として障害児一人ひとりに支出する方法に転換することや，通常学級における教育内容や教育方法の改善を図ることを指摘する。

終章「誰のためのインクルーシブ教育か」では，政策過程における当事者不

在の問題を指摘したのち，本人・保護者のニーズの調査，選択権を保障する就学制度への変更や，学校教育全体の改革の視点が必要であることを述べる。

　本書の価値を2点述べたい。第1に，インクルーシブ教育実現を資源配分の問題，すなわち教育経営の問題と位置づけ，その実現の道筋を示そうとしたことである。本学会において特別支援教育の分野の研究は乏しく，インクルーシブ教育の実現に資する知はほとんど蓄積されていない。この点，本書は都道府県レベルの制度運用実態の多様性を明らかにし，資源配分という経営的視角からインクルーシブ教育の実現の提案を行っている。これまで類書はなく高く評価ができる。

　第2に，都道府県のインクルーシブ教育の推進を示す指標として自閉症・情緒障害特別支援学級対象率を提起した点である。多様な障害種の中で自閉症・情緒障害のみを推進指標として用いることの適否は議論が必要である。しかしながら，これまで推進の指標を明示したものはほとんどなく，政策としてのインクルーシブ教育の評価を現実的に可能にしようとした点で高く評価されるべきであると考える。

　以上のように高く評価できる一方で，特に提案に関して2点の課題を指摘したい。

　第1に，重要なアクターとしての市町村の指摘がほとんどないことである。著者自身が述べるようにインクルーシブ教育は通常の学校，教室の変化が必要となる。設置者負担の原則を前提とすれば，様々な環境整備を行う上で義務教育を担う公立学校の設置者たる市町村が重要なアクターとなるのは自明である。また，著者は就学先決定における当事者の選択権を主張するが，これは市町村教育委員会の就学先決定の権限と衝突する。著者の提起する教育費支出を障害児一人ひとりに支出する方法への転換はこの衝突をより強めるものとなろう。著者の提起に対して最も影響があり，反発が予想されるのは基礎自治体とも言われる市町村であり，著者の提起をよりリアリティのあるものとするためにより深い言及が必要であったと思われる。

　第2に，当事者の選択権に関してである。本書でいう「当事者」は障害児本人のみの場合，保護者のみの場合，障害児・保護者を指す場合と多様に使用されている。しかし，両者の教育的ニーズは必ずしも一致するものではなく，切り分けられるべきものである。そして，政策過程において特特委の委員が主張したのは，両者のニーズが異なった場合のとりかえしのつかなさへの懸念で

あった。このとりかえしのつかなさを著者の選択権の提案のもとでは無視して
よいのだろうか。例えば何らかのセイフティ・ネットを設ける必要があるので
はなかろうか。このような障害児本人の成長・発達に関わる議論も提案に加え
てほしかった。なお，これに関し障害児の教育選択権の主張は古くからある。
そしてそれに対し従来の制度維持を主張する側からもインクルーシブ教育推進
派からも一定の批判がある。それらの蓄積に対する著者の見解を聞いてみた
かった。

　以上，著者の提案における課題を指摘したが，本書のタイトルにあるように
「インクルーシブ教育のかたち」の現在地を明らかにした点，また教育経営学
の裾野を広げたという点で本書の貢献は大きく，一読する価値がある。著者の
研究のさらなる進展を祈りたい。

高野貴大著

『現代アメリカ教員養成改革における社会正義と省察—教員レジデンシープログラムの展開に学ぶ』

（学文社　2023年）

聖隷クリストファー大学　太 田 知 実

　本書は，2021年に筑波大学大学院人間総合科学研究科から博士の学位を授与された論文「現代アメリカ教員養成改革における教員レジデンシーの展開に関する研究—『社会正義』志向の『省察』を要件とするプログラムの特質に着目して」に加筆・修正して刊行されたものである。

　本書は，序章・終章・補章を含む全9章から成る。序章では，本研究の目的，対象設定の理由，先行研究の検討，課題と方法，鍵概念の定義が記される。本書の目的は，「教員レジデンシープログラム（以下 TRP）の特質を明らかにすることを通じて，現代アメリカの教員養成改革において，TRP が展開する意義と課題」を解明し，「日本における教職理論を相対化する」こととされる。TRP とは，研修医の臨床経験をモデルに，主に教育困難校での長期間の実習と大学での科目履修とを積極的に連関させようとする養成プログラムである（例：週4日の実習と週1日の科目履修を14カ月間実施）。採用・新任期の支援も行い，教育困難校に質の高い教員を輩出し，在職維持を促すことを目指す。

　本書が TRP に注目する背景には，教職の専門性の中核とされる「省察」概念への問題意識がある。今日の日本では理論的学修よりも「実践的指導力」が重視されがちな中，「省察」概念が教室内の個々の教育実践のみに適用され，教室外の「社会的・制度的要因」への視点を欠く傾向にあることを本書では問題視する。この問題克服のため，本書は，同概念を捉え直し，それが教職（主に教員養成の政策・制度・実践）の改革へといかに具体化されるかを解明することを目指す。本書独自の研究視点は，「教員養成のガバナンス」，つまりマクロな政策・制度とミクロな各プログラムとの相互作用に着目することに置かれる。この点で，教育経営学の発展に資する意欲的で貴重な書籍だと言える。

続く章は，以下4つの研究課題に対応する形で展開される。①アメリカでの教職固有の「省察」概念の解明（第1章），②連邦政府の教員養成改革におけるTRPの位置づけとその全米的展開状況の解明（第2章），③TRPの運営体制・実態の比較考察によるTRPの特質の解明（第3〜6章），④現代アメリカ教員養成改革にてTRPが展開する意義と課題の考察（終章）である。これら4つの研究課題の軽重や関係性が十分には明記されず，研究の主題がやや曖昧に思えたが，「教員養成のガバナンス」という本書独自の研究視点に照らして，③が最も重要な研究課題であり，①②はその前提，④は総括と評者は解釈した。

　第1章では，アメリカの議論における教職固有の「省察」とは，「社会正義」を志向し，子どもの置かれる社会的環境について価値的判断を行い，彼らの「自由」が社会的に抑圧されるならば「声をあげる」ことを含むものだとされた。こうした教員を育てるために，大学等での理論的学修を土台として，「実習経験に対する教育学的知識に基づく批判的省察」が重視されるという。

　第2章から第6章は，上記を実現しうるものとしてTRPに焦点化する。

　第2章では，TRPの政策的位置・特徴として，教育困難校の多い都市部を主とする創設，連邦政府による推進状況，TRPの全米ネットワークの存在と役割，大学・学区・NPO等の複数のアクターによる運営等が確認された。

　第3〜5章では運営体制の特徴に注目して3つのTRPが考察される。第3章では大学・学区から独立した組織が運営する「自営型」が，第4章では大学・学区・NPO・教員組合のパートナーシップにより運営される「混合型」が，第5章では大学が主に運営する「大学基盤型」が，それぞれ対象となる。

　第3章の自営型TRPの検討では，学区外部に運営組織を置くことで教員志望者の自律性や創造性を担保し，第三セクターの参加により学区では対応できない課題にアプローチできたが，他方で，大学に対する批判意識が強く，大学は学位認定のみの機関という軽い位置づけである点に懸念が示された。

　第4章の混合型TRPの検討では，地域の教育課題に詳しいNPO担当者が連携の中核を担い，各アクターの専門性が生かされ，教員の在職維持率の向上のみならず教員文化の変革がもたらされたが，他方で，カリキュラムの過密さ，成果を測る指標の不十分さ，連邦補助金の給付条件の限界が課題とされた。

　第5章の大学基盤型TRPの検討では，大学と学区がスタンダードやアセスメントツールなどの「共通言語」を作り学区の課題解決に挑むが，理論を重視

する大学と実践即応性を重視する学区とで葛藤することや，学生の理論的な学修が評価基準ばかりを気にして「表面的」になりがちなことが課題とされた。

第6章では，各事例分析を踏まえて，TRPの運営体制の違いについて「その多様性の保証こそが地域特性を生かしたプログラムの確立を可能とする」のであり，「『大学や理論』と『実習と実践経験』との新たな結合の在り様はローカルな文脈での熟議と選択に開かれている」と結論づけられた。

終章では本書の到達点として，教職の専門性としての教師の「省察」が「社会正義」志向で展開される意義を論じたこと，プログラムの運営体制から教員養成をめぐるガバナンスに迫り教師教育政策の経営作用に焦点を当てたことが挙げられる。補章では，以上の知見の日本への展開可能性が論じられた。

本書の意義は，教室内のみならず「学校と子どもの社会的背景」を適切に見取る教員を育てるための具体策としてTRPに注目し，特徴と課題を解明したことにある。教育経営学の観点からすると，教員養成の担い手として，大学・学区のみならず第三セクターに注目する必要性を提起した点は示唆的である。

一方，僭越ながら，本書の課題と感じる点もあった。

第一に，結論でTRPは「ローカルな文脈での熟議と選択」に開かれるとされたが，ガバナンスに視点を置く本書でこそ，誰がどう「熟議と選択」したかをもう少し深掘りしてほしかった。例えば，自営型TRPでは改革を主導した元教員や学区の教育長の意向が強く，大学は「熟議と選択」に参加できていないように読めた。本書は，TRPでの理論が学問体系より実践有用性を重視するものである点を懸念するが，各TRPの「熟議と選択」に注目すれば，ガバナンスという観点から，その発生機制等が見え，考察が深まったとも思われた。

第二に，一般化困難と拝察するが，TRPの受講者の属性（年齢・人種・性別・学歴・職歴・経済的位置等）や受講動機・経緯を示してほしかった。本書では，ある親が自らの子の通う小学校での活動をきっかけに受講した例が記されたが，こうした動機・経緯はTRPでの学修の質・意味を大きく左右しうる。あるいは，受講者が白人か非白人かによって，社会的不利にある子どもを理解する際，社会的優位にある自己の見つめ直しを求められるか，それとも共感的になるか，全く異なるだろう。教員は子どもに共感すると共に新たな文化・価値観にも誘われねばならない。個々の受講者が自らの過去を意味づけ直し，教員の難しい使命を自分のものにする過程に，教育学の役割・意義を見出せるのではないか。

とはいえ本書が理論的・実践的示唆に富むことは間違いなく，これからの教師教育政策・実践・研究の進むべき方向性を指し示す貴重な一冊だと言える。

独立行政法人教職員支援機構監修
本図愛実編著

『日本の教師のウェルビーイングと
制度的保障』

（ジダイ社　2023年）

国立教育政策研究所　藤 原 文 雄

　本書は，教員のウェルビーイングに関する本格的な邦文図書である。本書は，2022年3月に公表された独立行政法人教職員支援機構「日本発教師のwell-being（個人的社会的幸福）のための制度的保障に関する調査研究プロジェクト（令和2～3年度）」の報告書『日本の教師のウェルビーイングと制度的保障』に若干の修正を加えて刊行されたものであり，本書は一種の政策研究と言えるものである。

　こうした政策的観点の重視は，OECD教育スキル局シニア政策アナリストであり，2015年に開始されたOECD Future of Education and Skills 2030のプロジェクト・マネジャーを務めている田熊美穂氏のインタビューを冒頭に収録している点からもうかがえる。このインタビューでは，同プロジェクトのフェイズⅡ（2019年～2024年）における調査・分析・研究テーマである教師のウェルビーイング等についての国際的な研究知見が提供された。

　本書の主題は，「序章　課題の所在（本図愛実氏）」及び「第1章　ウェルビーイングの生成と課題（百合田真樹人氏）」により示されている。まず，序章では，ウェルビーイングという概念を「個人的，社会的に満たされている状態」（2ページ）と捉え，その概念の政策における「急速な浸透」の背景を「社会に変化をもたらすアイディア」としての優秀さに求める一方，その優秀さには「規範性が高く，目的を共有していなくてもコミュニカティブな言説の中で美しく語られるからこそ，曖昧で，結局は何の改善ももたらさないという状態とならないように注意が必要」（20-21ページ）と警鐘を鳴らし，丁寧な議論の必要性を指摘した。

他方，ウェルビーイングという概念の沿革とその意味内容についての深い理解に基づいて，広い意味での教師のウェルビーイングをめぐる二つの視点を区分し，本書の主題をより明確に示したのが第2章である。二つの視点とは，第一に「教育活動を担う教育労働者のウェルビーイング」を検討する「教員のウェルビーイング」という視点であり，第二に「教育実践を専門職として担う専門性や専門職アイデンティティのウェルビーイング」を検討する「教師のウェルビーイング」という視点」（34ページ）である。ここでは，「教師のウェルビーイング」についてはいまだ議論が限られていることから，「教員のウェルビーイング」に焦点化し，その「現状と課題を検討し，教員の労務環境にシステム的な側面から改善の糸口を探る」（36ページ）ことを研究主題として設定したことが説明されている。こうした研究主題に基づいて，本書は第2章から第8章にかけて，個別の研究課題について探究を進めている。

　まず，「第2章　多様性・公正とウェルビーイング　TALISから見えるものと見えないもの（吉田美穂氏）」では，多様性と公正という価値の意義を強調し，TALISのデータを再分析した先行研究などを活用して考察を行い，「このまま日本の学校の環境が多様性を増していけば，その点の専門性に弱さを持つ日本の教師のウェルビーイングは損なわれる可能性がある」（51ページ）という問題提起を行った。

　「第3章　エージェンシーとウェルビーイングを踏まえた教員研修のデザインとその検証　弘前大学教職大学院の充実期研修講座を事例として（吉田美穂氏）」では，「教師のエージェンシーを高め，ウェルビーイングを向上させる」（68ページ）ことを意識した研修を事例として取り上げ，それらに注目した効果測定結果を分析し，有効な手立について考察を行った。

　「第4章　スウェーデンとウェールズにみる教師ウェルビーイングの異なるアプローチ（林寛平氏）」では，教員のウェルビーイング保障が政策イシューとなっているスウェーデンとウェールズの取組を比較し，教員のウェルビーイング保障にあたって，「教員個人に対するインセンティブ」付与を重視したスウェーデンと「専門職集団としての教師（たち）に向けた社会の期待」（81ページ）を高めたウェールズといった二方向のアプローチを抽出した。

　「第5章　ウェルビーイングとジェンダーの課題（百合田真樹人氏）」では，各種の統計を活用し，学校組織のジェンダー格差の現状と課題を可視化し，そこから「全ての教職員にとってより働きやすく，働きがいのある職業として教

職を魅力化するウェルビーイングの実現に向けた具体的な切り口」（97-98ページ）を示唆した。

「第6章　通勤と人事異動から見る教員のウェルビーイング（柴田聡史氏）」では，勤務時間の長さや質とともに，「教員の生活全般に影響する通勤や異動をめぐる実態と課題を整理することで，教員のウェルビーイングの観点から今後検討すべき論点を抽出」（100ページ）したものである。TALISのデータを活用し，日本が困難校に勤務する経験年数が5年以下の教員の割合が高い国に属することなどを示し，改善方策を提案した。

「第7章　X市教職員の意識調査から（斎藤亘弘氏・本図愛実氏）」では，教員生活における活動への前向きさや心理的安全などウェルビーイングと関連する質問を設けた質問紙調査を特定の市の教員に対して実施し，経験年数別に分析し，校長という立場から示唆を引き出した。

「第8章　初期準備段階としての教育学部学生意識調査から（本図愛実氏）」では，キャリア的視点による若手教員のウェルビーイングに着目し，教員養成課程を持つ3大学の学部学生を対象とした質問紙調査を実施し，若手教員の安心・安全に向けた学部教育や教員研修における改善方策について示唆した。

日本においては，2020年頃を前後して，教員のウェルビーイングに関する研究プロジェクトが本格的に推進されるようになった。本書のプロジェクトもそのうちの一つであり，一早くその成果を公刊できた研究プロジェクトである。本書は，各章において多様なテーマについて論じることによって，例えば，トイレ環境の整備（91ページ）や通勤時間（113ページ）など多くの要因が教員のウェルビーイングに関連することを読者に気付かせ，ウェルビーイングについて考え，対話することを促すような内容となっている。さらに，本書の論考の多くは既存のOECDや政府統計を活用して分析を行っており，巨額の予算を投入したデータの活用可能性という点でも学べるところが多い。

他方では，研究成果をとりまとめた終章が存在せず，統一的なメッセージが弱い，各章のテーマが全体としてどのような構造をなしているのか分かりづらいなど政策研究として精緻化すべき点は残されている。しかし，それは2年という短い期間で「曖昧模糊」（3ページ）としていたウェルビーイングという新しいテーマに果敢に取り組んだことの証であり，本書の価値を損なうものではない。教員のウェルビーイング向上に関心と改善に向けた責任感を有する政策担当者，研究者，実践者はもとより多くの方に本書をお勧めしたい。

教育経営学研究動向レビュー

　今期の研究推進委員会では，新型コロナウイルス感染症（COVID-19）流行をはじめとして，私たちの社会も学校教育も大きな変化の中にあり，果たして教育経営学研究が変化しつつある現実の状況を十分に捉えられてきたのか，従来の認識枠組みでは捉えきれない状況や変化が生まれている可能性はないか，といった問題意識をもとに課題研究や研究動向レビューを進めてきた。

　こうした問題意識を踏まえ，今期研究推進委員会の最終年度にあたる本研究動向レビューでは，近年の教育経営学研究が，社会変化や学校のリアリティと対峙する中で，どのような枠組みや視点で現実を捉え，何を問題としてきたのかという，教育経営学研究の問題設定や認識枠組みの特徴と課題に迫ることを試みた。具体的には，そのときどきの社会変化や時代性を反映したテーマが設定され，それに応答する論考を集めた本学会紀要の特集を素材として，2010年代以降の特集の中で，社会変化や学校のリアリティとの関連性が特に深いと思われるものを取り上げ，そこに収められた論考の問題設定の視角や認識枠組みに注目しながら，教育経営学が何を見ようとしてきたのか／見ることができていなかったのかという傾向性の一端を浮き彫りにし，今後の課題を展望する。

教育経営学研究における問題設定の特徴と今後の課題

—2010年代以降の特集論文を対象として—

筑波大学　古　田　雄　一

兵庫教育大学　三　浦　智　子

1　はじめに

　2020年からの新型コロナウイルス感染症（COVID-19）流行は人々の社会生活に様々な影響を与え，それまでの学校教育の前提も大きく揺さぶるものとなった。コロナ禍に限らず，2011年の東日本大震災や原発事故など幾重もの契機をもとに，あるいは少子高齢化をはじめとした社会構造の漸次的な変化に伴い，私たちの社会も学校教育も大きな変化の中にある。では果たして教育経営学研究は，変化しつつある現実の状況を十分に捉えられてきたのだろうか。従来の認識枠組みでは捉えきれない状況や変化が生まれている可能性はないか。——今期（2021〜2024年）の研究推進委員会では，こうした問題意識をもとに課題研究や研究動向レビュー（小早川・榎 2022, 照屋 2023）を進めてきた。

　本稿では上述の問題意識に今一度立ち返り，近年の教育経営学研究が，社会変化や学校のリアリティと対峙する中で，どのような枠組みや視点で現実を捉え，何を問題としてきたのかという，教育経営学研究の問題設定や認識枠組みの特徴と課題を検討してみたい。本来これには膨大な作業を要するが，紙幅の限定性もあり，本稿では今後の検討に向けた布石として，そのときどきの社会変化や時代性を反映したテーマが設定され，それに応答する論考を集めた本学会紀要の特集を素材として検討を行う。具体的には，さしあたって2010年代以降に範囲を絞り，特に社会変化や学校のリアリティとの関連性が深いと思われるいくつかの特集を取り上げ，そこに収められた論考の問題設定の視角や認識枠組みに注目し，教育経営学が何を見ようとしてきたのか／見ることができて

いなかったのかという傾向性の一端を浮き彫りにし，今後の課題を展望する。

2　教育経営学研究は「社会変動」をどう捉えたか

　2010年代以降の社会の変化を考えるうえで，2011年の東日本大震災や原発事故を欠かすことはできない。学会紀要でも，第54号（2012年）の第2特集として「災害と教育経営を考える」が組まれた。同特集の中で小松（2012）は，「個人としても学会としても学会の在り方，教育の在り方を再考すべき時が来たのではないか」（小松 2012：50頁）と述べ，「何のために研究するのか，誰のための科学かという根源的な悩み」「研究が人々の日常の生活から遊離しすぎていないかという疑問」（同：53頁）も打ち明ける。学校教育や社会の根底が揺さぶられるような事態に直面し，それまでの研究と現実の状況との乖離を感じる研究者は少なくなかったと思われる。

　そうした中，翌年の第55号（2013年）の特集では「社会変動と教育経営」がテーマとして設定された。では，この特集において「社会変動」はどのように捉えられていたのか。

　片山（2013）は，「社会変動の中にいる子どもの現状と課題」（片山 2013：14頁）として，いじめからみる子ども同士の関係や学級経営をめぐる困難性，福祉の力を必要とする子どもや特別支援教育を要する子どもの増加，学習意欲の格差などを挙げる。また日渡他（2013）は，「学校現場におけるいじめ，不登校などの今日的な問題や特別支援の充実をはじめとした様々な教育課題の急増」や教育行政に対する国民や首長部局からの厳しい目に「対応するシステムづくり」を「担う教育行政職幹部職員の資質能力とその育成」に問題関心を向けている（日渡他 2013：47頁）。これらの論考は基本的に，教育問題や子どもの変化という次元や枠組みで「社会変動」を捉えているといえよう。

　他方で八尾坂（2013）は，2006年・2012年の中教審答申や，教職課程の質的水準の向上という「枢要な政策課題」（八尾坂 2013：27頁）を背景として，教職課程認定・実地視察をめぐる課題を検討するという論旨展開になっており，こちらは政策との関係で問題設定がなされている。また堀井（2013）は，二十数年来「矢継ぎ早に出される教育改革」（堀井 2013：2頁）の一方，生徒指導の課題，時間経営の困難，成果主義や評価がもたらす問題など，諸改革の下で起きている問題に触れ，その根底に「学校・教員を元気にするような人的・物的条件の整備にはほとんど手がつけられなかった」（同：4頁）問題を見出し，

学校施設設備の問題に焦点づけながら教育条件整備に関して論究している。

　こうしてみると，特集の主題である「社会変動」は，基本的に教育問題や子どもの変化，もしくは教育政策との関係で語られる傾向が浮かび上がる。当該号「まえがき」でも，特集の設定背景として，民主党政権下での教育施策とその後の政権交代，地方の教育制度の見直し，体罰・いじめ等の児童生徒をめぐる課題への社会的注目，教育再生実行会議の第1次提言等が挙げられ，こうした「社会的変動」の下で教育経営に期待される課題を検討する必要性が述べられている（佐藤 2013 iii-iv 頁）。これらはあくまで一特集の傾向に過ぎないが，大きな社会変化そのものを正面から論じるよりも，教育政策や教育改革に枠づけた議論や，教育や子どもに対する定式化された認識枠組みに基づく議論が中心といえる（ただしこの特集でも「日本の社会変動の中心」に「労働システム，家族システムの揺らぎ」（末冨 2013：39頁）を位置づけ，学校のありよう自体の変革も迫る末冨（2013）のような議論もある）。これは，教育政策や目下の学校現場の課題との関係の中で自己定位していく教育経営学の特徴の表れともいえるかもしれない。他方でその後の2010年代の特集を概観しても，全体としては，東日本大震災も含め大きな時代の流れと社会変動と対峙し，いま何が起きているのかを捉えながら，私たちの認識枠組みの妥当性を問い直す議論や，学校のあるべき姿を改めて問うような議論は限定的であったように思われる。

　なお第63号（2021年）では，2020年からのコロナ禍によって「当たり前が当たり前でなくなり，教育経営の実践や研究のあり様も変わりつつある」状況を背景に，その「影響を最も受けているのは，なにより子どもたち」（曽余田 2021：iii 頁）ではないかとの問題意識から，特集「子どもの生と教育経営」が組まれた。その中で柏木（2021）は，COVID-19によって顕在化／深刻化した子どもの生と学びをめぐる課題状況を踏まえ，「ケア」を手掛かりに，生と学びの保障を一体的に保障する学校の在り方を展望している。子どもたちの生活経験や環境変化を手掛かりに今起きている現実を捉え，既成の枠組みを問い直す視座は，水本（2021）や古田（2021）に見られる，教育経営研究における子どもの位置への問いにもつながる。教育経営学研究の新たな模索の一端といえる。

3　教育経営学研究は教育の目的やカリキュラムをどう捉えてきたか

　社会の変化に伴い，学校教育はときにその目指す方向性やあり方そのものが

問われてきた。では教育経営学研究では，教育の目的・目標，子どもに育む学力，あるいはカリキュラムや教育活動のありようについてどのように捉え，論じてきたのか。ここでは第53号「教育経営と学力」（2011年），第61号「カリキュラムと教育経営」（2019年）をもとに検討してみたい。

　第53号「教育経営と学力」は，「学習指導要領の改訂，全国学力・学習状況調査，OECD 学習到達度調査をめぐる議論等の今日的課題に対応しつつ，『学校の成果として何を社会に提示するのか』という教育経営論の中核に位置する研究課題」として設定された（林 2011：iii 頁）。平井（2011）は，学力問題への関心が高まった1970年代，教育経営学は，過熱化する受験競争下でゆがんだ「学力」を学校経営の効果と結びつけることを回避し，「現実と切り結ぶリスクを回避した教育経営学は規範的な研究スタイルに集中」（平井 2011：20頁）してきたと指摘する。政策や学校現場の現実と一定の距離を置く姿勢とも捉えられよう。他方で平井は，「アカウンタビリティ政策に巻き込まれている学校への社会的貢献，あるいは研究知の有用性という観点からすれば，テスト結果という教育効果を上げるための学校経営方策という課題から目を反らすことはできないだろう」（同：21頁）と，政策のもとに置かれた現実の学校改善に寄与する研究の必要性を提起する。佐古（2011）も「学校経営研究においても，学校における子どもの学力形成と学校経営の関わりについて考察ないし検討することが求められている」（佐古 2011：36頁）という姿勢を示す。天笠（2011）は，学習指導要領改訂や学力調査をめぐる動向を踏まえながら，「政策と経営の呼応」（天笠 2011：10頁）という表現に象徴されるように，政策と連動した教育経営の実現に向けた課題を論じる。政策との関係の取り方など相違はあるものの，学力政策・学力形成と教育経営を結び直す道筋が模索されている。

　では，そこでの「学力」はどのように論じられているのか。天笠（2011）は，学習指導要領を中心とした学力政策に依拠し，そこで示される学力観を紐解く形で論を進めている。一方，佐古（2011）は，効果的学校研究における「学力」が認知的指標に偏っているという批判に言及したうえで，「子どもの何を伸ばしていくべきかに関する合意形成プロセス（あるいは合意調達プロセス）こそがまず問題とされねばならない」（佐古 2011：41頁）と価値選択をめぐる手続き論へと議論を展開する。前者は，現実の政策的要請に応答していく点で，後者は，直接的に価値・目的論に踏み込むのではなくその個別性・文脈性を重視し，学校の自律的な意思決定や関係当事者の参加と協議に開く点で，それぞ

れ（近年の）教育経営学の思考様式の特徴が表れているともいえる。

　続いて第61号「カリキュラムと教育経営」に目を移すと，政策上推進される「カリキュラム・マネジメント」の概念や言説を問う議論が特徴的に見られる（植田・首藤 2019，大野 2019，末松 2019）。

　例えば大野（2019）は，カリキュラム・マネジメント論，とりわけ田村ほか（2016）等で示されるカリキュラムマネジメント・モデルについて「教育目標達成に向けたカリキュラムづくり，カリキュラムづくりに向けた組織づくりの発想を持つことは重要」としたうえで「状況文脈の複雑性や教職員の多様性を持つ学校の経営は，常にこの枠組みに収斂できるとは限らない」と考察する（大野 2019：42頁）。しかも大野が「『カリキュラム・マネジメント』を巡る近年の政策的動向に対して，教育経営研究者とその研究成果が顕著な関わりを果たしている」（同：34頁）と指摘するように，それは自分たちが（教育課程行政にも関与し）生み出した枠組みが自らの思考様式を枠づけ，狭めうる可能性を意味する。末松（2019）も，かつての教育課程経営に内包されていた，学校による主体的な教育活動の創造への徹底的な転換とは対照的に，「『カリキュラム・マネジメント』言説（略）が学校をかえって官僚化している」（末松2019：47頁）可能性を指摘し，「官製のことばを上塗りしたり，特定の社会像を所与とすることに加担したり」（同：50頁）する問題に警鐘を鳴らす。

　ただし，では今日の時代や社会，子どもが置かれた環境の中でカリキュラムや教育活動はどうあるべきかといった議論や，対抗軸に向けた具体的な視点の提示は留保されやすい。このことは，第53号特集において，学校が育むべき学力とは何かという教育目的・目標をめぐる価値的・規範的な問いに直接踏み込むことが回避されていたこととも相通ずる[(1)]。

4　「教職」と教育経営学研究

　教職の専門性をめぐっては，2010年代以降今日に至るまで，様々な制度改正やそれを取り巻く社会情勢の変化を経験してきたと言える。2009年度より導入された教員免許更新制も，2022年7月に解消されるに至った。昨今では，教員の大量退職・大量採用が指摘される一方で，教員不足の問題が大きく取り沙汰され，教員需給は著しくバランスを欠くが，文部科学省により，公立学校教員採用試験の早期化や複数回実施等に関する方向性が各自治体に対して示される，といった状況にある。

　教育経営学研究はこの十余年，教員需給あるいは教員の育成をめぐる政策動向を背景として，いかなる学術的貢献を目指してきたのか。本項では，第56号「教育改革と教職員の資質向上」（2014年），第58号「学校組織のリアリティと人材育成の課題」（2016年）及び第62号「教師という仕事と教育経営」（2020年）の特集論文に注目し，その特徴から若干の考察を試みる。

　まず，第56号「教育改革と教職員の資質向上」（2014年）では，2012年の中央教育審議会答申を背景として，教師教育やそれに対する研究アプローチに関わる論稿が特集されている。

　牛渡（2014）は，民主党から自民党への政権交代時期に，教員免許更新制の継続や教職大学院の拡充などの施策が実施され，それらは「表面的には連続しているように見えるが，基本的理念において，変質していると考えるべき」（牛渡 2014：11頁）と指摘する。すなわち，2012年の中央教育審議会答申においては「教員養成の高度化」と「学び続ける教員像」の確立という二つの改革理念が示されたのに対し，2013年５月の教育再生実行本部「第二次提言」に示される改革理念は，教員の「実践的指導力」や「適性」（同：11頁）の確保にあるという主張である。これに関連して，安藤（2014）は，「大学における養成」原則の再点検とともに教員養成・研修プログラムの在り方が問われているとし，「実践志向」「実益志向」（安藤 2016：15頁）に立った教師教育改革の動向下にあって，「表層的な注入主義に堕しない工夫」（同：18頁），すなわち，「『自らを教養する人間の形成』（開放主義理論）と『教える必要によって学ぶ』（教員養成論）との相克が，共に実現を目指すべき価値規範となり，その両立のための組織行動マネジメントという観点から大学を構成する組織構成員の協働」（同：22頁）が課題であるとされる。

　一方，第58号「学校組織のリアリティと人材育成の課題」（2016年）では，教員の大量退職・大量採用を背景として，変動する学校組織とそれを支える条件を捉える新たな理論・アプローチの構築を目指す。

　臼井（2016）は，我が国の教員集団における若年化の動向を受け，校内研修など学校組織の有する人材育成機能の不全について指摘したうえで，教員の職能成長過程における人材育成について，その目的に応じて「教職から要請される成長」と「組織人として要請される成長」（臼井 2016：8頁）の二側面からのアプローチの必要性を論じる。この点，菊地（2016）は，1990年代以降の「新自由主義と新保守主義を基軸とする」（菊地 2016：14頁）教師教育改革に

ついて，「教師はいかにして成熟していくのかということが問われないまま，成果が性急かつ一元的に求められる」（同：16頁）としてこれを批判的に捉え，教員間の「次代を見据えた学び合い」を中心とした「〈多元的生成モデル〉による教師教育」（同：21頁）の必要性を主張する。

　さらに，第62号「教師という仕事と教育経営」（2020年）では，教員の長時間労働や多忙化を背景として，教員の仕事や働き方に対する視点・アプローチ自体を多角的に考察するという試みがなされる。

　榊原（2020）は，「教職の専門性」議論が繰り返されながら結審しない点に関わって，「教員の仕事は学校の存在があって初めて可能にもかかわらず」，「学校という場での仕事の特徴を等閑視してきたのではないか」（榊原 2020：17頁）と指摘し，「政治的立場や個人的・集合的な信念を背景にした『べき論』つまり規範論への過度な偏り」と「学校の組織特性から個人ベースで専門性を設定することが難しいにもかかわらず，自律性の担保という文脈からこの方向での議論を続けてきた」（同：23頁）という二つの問題を挙げたうえで，「チーム教育」，すなわち，「他職種との協働ではなく，教育に直接携わる教員同士が自分たちの学校に通う児童・生徒を，どのように共に見ることができるか」（同：24頁）という課題があることを提起する。これに関連して，曽余田（2020）は，昨今の「教育課題の複雑化・困難化」を背景として，我が国における合理的な学校経営組織論の問題点を指摘したうえで，「学習する組織」論について，「教師の仕事と教育観との密接な関係性」（曽余田 2020：58頁）にかかる理解を深めうるという点においてその意義を再評価している。

　安藤（2014）の論じる「開放主義理論」と「教員養成論」の均衡という問題の本質は，高等教育機関における教員養成の場において指摘されるばかりでなく，学校現場における教員育成の場にあっても共有され得るものである。これらに通底するのは，（政治主導によって進められがちな）教員の「適性」確保（牛渡2014）の動向とは一線を画し，教職の「高度化」に貢献することを志向する理論枠組みであるとも言えよう。この理論枠組みを時代背景とともに改めて吟味するとき，それの有する意義は計り知れないほど大きなものである。しかし一方で，教員不足問題への対応や管理職の担い手の確保といった課題に直面する今日にあって，ある種の焦燥のようなものを覚えないわけではない。教育経営学研究が，教員の養成や育成の「質」そのものに対する，別様の分析視点を持ちえていたとするならば，今日の社会が直面する課題は果たしてどのよ

うに捉えられることとなったのであろうか，といった思いも頭をよぎる。

この点に関わって，臼井（2016）の述べるところの「学校組織」が教員個人に要請する成長に着目する視点は，これからの時代性に即した教員養成・育成の「質」に迫る議論の追求を試みるものと言えるのではないだろうか。そうした中で，菊地（2016）の主張する，教師教育における「〈多元的生成モデル〉」は，政策的取り組みの帰結として教員の職能開発の態様を捉えるというのではなく，教員個々の変容に対し，学校組織変数がもたらす影響を踏まえた分析の必要性を強調している点において示唆的である。

2020年代に入り，榊原（2020）や曽余田（2020）に見られるように，教員という「個人」と学校という「組織」とをつなぐ，教員個々の「教育観」あるいは子どもの抱える現実に対する教員の向き合い方それ自体への着目の必要性を論じる動向は，先の臼井（2016）や菊地（2016）による議論と大きく方向性を違えるものではない。しかしながら，教員の多忙化や教育課題の複雑化・多様化，（働き方改革の一環としての）多職種との協働等，教員個々の職務にかかる価値観や態度の変容こそが政策的にも要請・期待される状況下，「教職」なるものの実態を捉え直そうとする教育経営学研究の試みは，学校という組織の営みが社会に対してもたらす影響に生じうる変化について，いかに捉え返すことを可能にするのか，少なからず考えさせられるところでもある。

5　まとめにかえて

限られた分析ではあるが，本学会の特集論文の検討を通じて改めて浮かび上がったのは，学校現場が置かれた状況を，様々に展開される教育改革・政策との関係で捉え，また学校の経営課題や教育課題に応答していこうとする，教育経営学としての学校のリアリティへの接近の姿であった。

これは同時に，教育経営学の言説空間において，学校や社会の変化や時代性が，主として教育政策の言葉や既有の教育問題の枠組みで認識され，語られてきたことも示唆しうる。もしそうだとすれば，従前の概念や認識枠組みでは理解しきれないような社会基盤の揺らぎ，あるいは今の時代の中で子どもや教職員，学校の関係当事者が生きている日々の現実を，十分に捉えきれていない面があるのかもしれない。そして，私たち教育経営学研究者の前提が，（ときに自らも関与して生み出した）政策の言語や学校の文法に枠づけられる中で，生み出される知が再帰的に狭まっていく可能性もある。

むろんこうした言説や認識枠組みの外に出ることは容易ではないが，冒頭に述べたような大きな社会や時代の転換点ともいうべき状況に直面しつつある今，教育経営学が依拠してきた認識枠組みや主流となってきた問題設定そのものを問い直し，いま何が起きているのかを改めて捉えようとする試みや，学校教育のあり方の異なる方向性を追求していくような試みも，教育経営学の今後の発展にとっては有益かもしれない。

[注]
　⑴　むろんこれは教育経営学固有の問題ではなく，教育学をめぐる問題としても考えられうる（cf. 広田 2009）。

[文献一覧]
・天笠茂「今日の学力政策と教育経営の課題」『日本教育経営学会紀要』第53号，2011年，2-12頁。
・安藤知子「教員養成・研修プログラムの改革をめぐる大学における『組織学習』の課題」『日本教育経営学会紀要』第56号，2014年，13-23頁。
・古田雄一「教育経営における『生徒の声』の意義と課題—近年の国際的動向の検討と考察をもとに—」『日本教育経営学会紀要』第63号，2021年，19-34頁。
・林孝「まえがき」『日本教育経営学会紀要』第53号，2011年，iii-iv 頁。
・平井貴美代「教育経営学と学力の位置づけ」『日本教育経営学会紀要』第53号，2011年，13-23頁。
・広田照幸『ヒューマニティーズ教育学』岩波書店，2009年。
・日渡円・藤本孝治・福島正行「社会の変化に対応する教育行政職幹部職員のリーダーシップの在り方」『日本教育経営学会紀要』第55号，2013年，47-63頁。
・堀井啓幸「学校改善を促す教育条件整備—『使い勝手』の視座を参考に—」『日本教育経営学会紀要』第55号，2013年，2-13頁。
・柏木智子「子どもの生と学びを保障する学校づくり—『ケア』に着目して—」『日本教育経営学会紀要』第63号，2021年，35-51頁。
・片山紀子「社会変動と子どもをめぐる課題」『日本教育経営学会紀要』第55号，2013年，14-26頁。
・菊地栄治「教師教育改革の批判的検討と教育経営学の行方—〈多元的生成モデル〉の可能性—」『日本教育経営学会紀要』第58号，2016年，13-23頁。
・小早川倫美・榎景子「COVID-19発生以降の教育経営にかかる実態と課題をめぐる研究動向」『日本教育経営学会紀要』第64号，2022年，172-181頁。
・小松郁夫「東日本大震災を教育学研究者としてどう受け止めるか」『日本教育経営

学会紀要』第54号，2012年，48-54頁。

・水本徳明「教育経営における子どもの主体化の現代的様相―言説的制度としての教科書の言語行為論的分析を通じて―」『日本教育経営学会紀要』第63号，2021年，2-18頁。

・大野裕己「教育課程経営論からカリキュラムマネジメント論への展開の特質と論点」『日本教育経営学会紀要』第61号，2019年，34-46頁。

・榊原禎宏「学校経営論と『教職の専門性』論のもつれをほぐす―『同僚性』論から『チーム教育』論へ―」『日本教育経営学会紀要』第62号，2020年，17-27頁。

・佐古秀一「学力と学校組織―『効果のある学校』研究の検討をふまえた学校経営研究の課題―」『日本教育経営学会紀要』第53号，2011年，36-45頁。

・佐藤晴雄「まえがき」『日本教育経営学会紀要』第55号，2013年，iii-iv 頁。

・末松裕基「官僚制支配のための『カリキュラム・マネジメント』を脱し，教育の理想と現実の方へ―教育経営学がカリキュラムを論じる可能性はどこにあるか―」『日本教育経営学会紀要』第61号，2019年，47-60頁。

・末冨芳「拡大する学習の社会保障と『自閉化する学校』の行方―福祉への教育経営からのクロスボーダーの可能性―」『日本教育経営学会紀要』第55号，2013年，39-46頁。

・曽余田浩史「教師という仕事と学校経営組織論―学校経営の近代化から『学習する組織』へ―」『日本教育経営学会紀要』第62号，2020年，49-60頁。

・曽余田浩史「まえがき」『日本教育経営学会紀要』第63号，2021年，iii-iv 頁。

・田村知子・村川雅弘・吉冨芳正・西岡加名恵編著『カリキュラムマネジメント・ハンドブック』ぎょうせい，2016年。

・照屋翔大「教育経営学研究における質的調査研究の特徴と課題」『日本教育経営学会紀要』第65号，2023年，202-211頁。

・植田健男・首藤隆介「今次学習指導要領改訂の教育課程経営論的検討」『日本教育経営学会紀要』第61号，2019年，13-22頁。

・牛渡淳「近年の教員養成・研修改革の構想と課題」『日本教育経営学会紀要』第56号，2014年，2-12頁。

・臼井智美「学校組織の現状と人材育成の課題」『日本教育経営学会紀要』第58号，2016年，2-12頁。

・八尾坂修「教職課程認定・実地視察の機能―教員養成の質保証をめざす―」『日本教育経営学会紀要』第55号，2013年，27-38頁。

【執筆担当】

第1〜3，5節…古田，第4節…三浦

日本教育経営学会第63回大会報告

　日本教育経営学会第63回大会は，2023年6月2日(金)から4日(日)の3日間の日程で，筑波大学が担当校となり4年ぶりに対面（一部企画はオンライン配信を併用）にて開催された。筑波大学での開催は，第53回大会以来，10年ぶりとなる。当時とは学内・学外の状況が異なること，なにより新型コロナウィルス感染症拡大が収束のきざしを見せる中での対面開催ということもあり，アフターコロナへの移行期における大会運営のあり方を模索しながらの大会準備・運営となった。結果的に，正会員153名，臨時会員（一般）21名，学生会員6名，臨時会員（学生）29名を含む，約250名の参加を得た。

　大会日程は，概ねこれまでの大会と同様だが，例年，1日目の午後に開催していた全国理事会および各種委員会を事前にオンライン開催してもらい（一部は当日対面開催），若手研究者のためのラウンドテーブルを行った。2日目は，午前中に自由研究発表（第1〜4分科会），午後に公開シンポジウム，総会，懇親会を開催した。そして3日目は，午前中に自由研究発表（第5〜7分科会），昼休みには学会内に設置された将来構想検討プロジェクト担当によるラウンドテーブル，午後から課題研究と実践研究フォーラムを開催した。

　自由研究発表では，2日間を通じてテーマごとに7分科会を設け，全31件の研究発表が行われた。ただし，大会1日目の台風接近の影響により交通機関の遅延・運休が相次いだため，急遽，希望者はオンラインでの発表を可能にした。発表機会の確保に努めたこともあり，オンラインでの研究発表を交えながら，実践事例から理論的考察に及ぶ幅広い研究が報告され，活発な議論がなされた。

　公開シンポジウムは，「『ウェルビーイングと教育経営の在り方』を考える―新時代の学びと子どもの発達の支援に向けて―」というテーマで，細田眞由美氏（さいたま市教育長），山浦彬仁氏（NHK第2制作センター〈社会〉ディレクター），田代淳一氏（茗渓学園長），篠原岳司会員（北海道大学）の4氏からご報告をいただき，柏木智子会員（立命館大学）と佐藤博志会員（筑波大学）に司会を務めていただいた。本シンポジウムは，ウェルビーイング（well-being）を基盤に，公正，多様性の尊重，共生といった理念を学校教育で具現化するためにはどうすればよいのか，という学校経営の理念に立ち戻っ

た議論を目指して企画されたものである。紛争，疫病，格差・不平等の拡大な
どが続き，環境が著しく変化する現代において，いかに新たな学校経営の理念
と今後の教育経営の在り方を見定めていくかについて，多くの意見交換がなさ
れ，大変活発な議論が展開された。

　この他，学会の委員会企画として，初日には若手研究者のための研究フォー
ラムが「若手研究者が考える教育経営学研究の現在地と展望」と題して実施さ
た。活発な意見交換が行われるとともに，若手研究者の交流やネットワークづ
くりにも有益な機会となった。また，大会３日目の研究推進委員会による課題
研究では「教育経営学研究の新機軸の探究(2)」と題して，教育経営学研究の
在り方や新たな研究アプローチについて議論がなされ，実践推進委員会による
実践研究フォーラムでは「教育経営研究につながる実践事例（Good Report
of Practice）の価値の在り方」と題して，教育経営研究の中での実践事例の位
置づけと描き方が議論された。教育経営学の今日的課題をもとに挑戦的な研究
方法や実践の記述に関する活発な意見交換，さらには，そのありように向き合
おうとする会員各位の熱意によりいずれも盛会となった。

　このほか，学会将来構想検討プロジェクトの企画として，ラウンドテーブル
「教育経営学における研究倫理を考える―ここから見えてくる教育経営学のこ
れから―」も開催された。さらに，久しぶりの開催となった対面での懇親会も
多くの会員にご参加いただき，時を忘れて話に花を咲かせる光景を目にするこ
とができた。

　以上，会員の皆様のご協力により，無事今回の大会を終えることができたこ
とに心より御礼を申し上げたい。次の第64回大会は，2024年６月７日（金）〜９
日（日）に九州大学（伊都キャンパス）において開催される予定である。実りあ
る大会となることを，心より祈念したい。

（第63回大会準備委員会委員長　浜田博文）

日本教育経営学会会則

第1章　総　則

第1条　本会は日本教育経営学会（The Japanese Association for the Study of Educational Administration）という。

第2条　本会は，教育経営の研究と実践を促進し，その普及を図ることを目的とする。

第3条　本会は次の事業を行う。
- ⑴　大会および研究会の開催
- ⑵　学会紀要（「日本教育経営学会紀要」），会報等の発行
- ⑶　会員の研究および共同研究の促進
- ⑷　内外の関係学会との連携
- ⑸　教育経営の関係機関及び団体等との連携
- ⑹　教育経営の研究と実践の普及活動
- ⑺　その他本会の目的達成のための事業

第2章　会　員

第4条　本会の入退会には，次の手続きを必要とする。
1．本会に入会するには，必要事項を登録し，当該年度の会費を納入することを必要とする。
2．入会にあたり，会員の推薦を必要とする。
3．本会を退会するものは，毎年3月31日までに文書により申し出るものとする。

第5条　会員は本会が行う事業に参加し，研究大会，学会紀要等で研究発表することができる。
2．会員は本会の倫理綱領を遵守しなければならない。

第6条　会員は会費を納入するものとする。
1．会費は年額8,000円（学会紀要費を含む）とする。
2．2年以上会費の納入を怠ったものは，会員としての資格を失う。

第7条　会員にして義務を怠ったものに対しては，理事会の決議により除名する。

第8条　本会に名誉会員を置くことができる。名誉会員は，理事会が推薦し総会の承認を得るものとする。

第3章　役　員

第9条　本会に次の役員をおく。
　　　会長　1名　理事　若干名（常任理事を含む）　事務局長　1名　事務局次長　1名　幹事　若干名　監査　2名

第10条　1．会長は本会を代表し，会務をつかさどる。会長に事故あるときは，理事会の推薦により常任理事の一人がその職務を代行する。
2．理事は理事会を組織し，本会の運営にあたる。内若干名を常任理事とし業務の執行にあたる。
3．会長は事務局を定める。事務局は，事務局長，事務局次長及び幹事で構成する。会長は事務局長，事務局次長及び幹事を会員の中から理事会の同意を得て

　　　　委嘱し，事務局は会務を処理する。但し，事務局次長はおかないことができる。

　　　4．監査は理事会が総会の承認を得て委嘱し，本会の会計を監査する。

第11条　別に定める役員選出規程に基づき，会長，理事，監査は総会において選出承認し，常任理事は理事会の同意を経て会長が委嘱する。監査は会員の中から会長が選出し，総会において承認する。

第12条　役員の任期は3年とする。但し，会長以外の役員は再任を妨げない。

第13条　理事に欠員が生じたときは，次点者をもって補い，その任期は前任者の残りの期間とする。

第14条　1．学会運営における研究専門分野の均衡，学会運営体制の整備，役員の多様性の確保のために，前条までに定める理事とは別に，理事会選出理事を置くことができる。

　　　2．理事会選出理事の任期は，前条までに定める理事の任期の範囲内とする。

第15条　本会に顧問をおくことができる。

第4章　総　会

第16条　総会は会長が召集し，本会事業の重要事項を審議する最高議決機関とする。

第5章　地方研究団体・機関との連携

第17条　本会は，地方における教育経営研究に関する団体・機関と連携することができる。連携に関する事項は別に規程により定める。

第6章　会　計

第18条　本会の経費は会費，その他の収入をもってこれにあてる。

第19条　理事会は予算案を編成し，総会の議に附するものとする。

第20条　本会の会計年度は，毎年4月1日に始まり，翌年3月31日に終わる。

第7章　各種委員会

第21条　1．本会に紀要編集委員会をおく。紀要編集委員会は，学会紀要の編集にあたる。

　　　2．本会に研究推進委員会をおく。研究推進委員会は，学会としての研究の推進にあたる。

　　　3．本会に実践推進委員会をおく。実践推進委員会は，教育経営に関する実践の推進にあたる。

　　　4．本会に国際交流委員会をおく。国際交流委員会は，研究の国際交流にあたる。

　　　5．本会に必要に応じて，総会の議を経て特別委員会をおくことができる。

第22条　各委員会は委員長1名，委員若干名で構成する。委員長は，会長が理事の中から選任し理事会の同意を得た上で委嘱する。委員は，会長が，委員長と協議の上，会員の中から選出し，常任理事会の同意を経て委嘱する。委員の再任は妨げない。委員の任期は委員長の任期の範囲内とする。但し，特別の事情がない限り，委員を重任させることはできない。

第8章　学会褒賞制度

第23条　会員の研究の活性化と奨励を期して学会褒賞制度を設ける。学会褒賞制度に関する細則は別に定める。

　　　補　則

本会の運営に必要な細則は別に定める。

　　　　附　則

第 1 条　本会則の変更は総会の決議による。

第 2 条　削除

第 3 条　本会則は昭和33年12月13日より施行する。

第 4 条　本会則は昭和60年 6 月 7 日より施行する。

第 5 条　本会則は平成元年 4 月 1 日より施行する。

第 6 条　本会則は平成 2 年 6 月 2 日より施行する。

第 7 条　本会則は平成 5 年 6 月 5 日より施行する。

第 8 条　本会則は平成 9 年 5 月31日より施行する。

第 9 条　本会則は1999年 6 月 5 日より施行する。

第10条　本会則は2000年 6 月10日より施行する。

第11条　本会則は2001年 6 月 9 日より施行する。

第12条　本会則は2003年 6 月 7 日より施行する。

第13条　本会則は2006年 6 月 3 日より施行する。

第14条　本会則は2007年 6 月 2 日より施行する。

第15条　本会則は2012年 6 月 9 日より施行する。

第16条　本会則は2020年 9 月 1 日より施行する。

第17条　本会則は2021年 6 月 5 日より施行する。

第18条　本会則は2023年 6 月 3 日より施行する。

日本教育経営学会紀要編集規程

1．日本教育経営学会紀要は日本教育経営学会の機関誌で，原則として 1 年に 1 回発行する。

2．本紀要には，教育経営学に関する未公刊の論文・資料・書評などのほか，学会会務報告その他会員の研究活動についての記事を編集掲載する。

3．紀要編集委員長は紀要編集委員会を代表し，紀要編集委員会会務をつかさどる。紀要編集委員長に事故あるときは，会長の委嘱により紀要編集委員の一人がその職務を代行する。

4．委員長以外の紀要編集委員について，14名を下限とする。但し，その選任にあたっては，必ず各理事選挙区から 1 名以上が選任されるようにするとともに，学会での活動実績，専門分野等に配慮するものとする。

5．紀要編集業務を担当するために，常任編集委員を若干名おく。常任編集委員については，紀要編集委員長が，会長と協議の上，紀要編集委員の中から選任し委嘱する。但し，その選任にあたっては，常任理事会の同意を得るものとする。

6．紀要編集業務を処理するために，紀要編集委員会事務局を組織し，そこに紀要編集幹事を若干名おく。紀要編集幹事は紀要編集委員長が委嘱する。

7．本紀要に論文を掲載しようとする会員は，所定の論文投稿要領に従い，紀要編集委員会事務局宛に送付するものとする。

8．投稿資格は9月1日現在で会員であることとする。

9．論文の掲載は紀要編集委員会において決定する。

10．掲載の場合若干の変更を加えることもある。但し内容についての重要な変更を加える時は執筆者と相談する。

11．本紀要に掲載したものの原稿は原則として返還しない。

12．本紀要に掲載した記事は原則としてすべて科学技術振興機構 J-STAGE の電子図書館コンテンツとする。但し紀要第57号までは国立情報学研究所電子図書館サービスの電子図書館コンテンツとする。

附　則　本規程は平成2年6月2日より施行する。
　　　　本規程は平成6年6月4日より施行する。
　　　　本規程は1999年6月5日より施行する。
　　　　本規程は2003年6月7日より施行する。
　　　　本規程は2011年6月4日より施行する。
　　　　本規程は2017年6月10日より施行する。
　　　　本規程は2023年6月3日より施行する。

日本教育経営学会　紀要編集委員会
研究論文投稿要領

1．論文投稿は未発表のものに限る。ただし，口頭発表およびその配布資料はこの限りではない。

　投稿論文と目的・方法・知見等の面で重複している論文あるいは調査報告をすでに発表（予定を含む）している場合はそのコピーをすべて添付した上で投稿すること。

　この規定に違反し，二重投稿等の研究倫理に違反した場合には，論文審査や投稿資格の停止の対象となる可能性がある。

2．論文投稿（注および引用文献を含む）は紀要16ページ（400字詰原稿用紙約43枚相当）以内とする。提出形式の詳細については下記の要件をすべて満たすものとする。

　⑴　原稿はワープロ等による横書きとし，A4判，天地余白各45mm，左右余白各35mm（10.5ポイントもしくは11ポイントのフォントを使用），35字×32行×16枚以内とする。1枚目は論文題目を1行目に記載し，17行目から本文を書き始めることとする。節題の上下1行ずつは空白行とする。たとえば節題が1行の場合には3行とることとなる。なお1頁目の本文開始行（17行目）のみ節題上の余白は不要で17行目に節題記入を認める。

　⑵　表紙を必ず添付し，表紙に論文題目のみを記載すること（執筆者名，所属は記載しない）。表紙と投稿論文原稿とホッチキス止めして提出すること（クリップ止め不可）。

　⑶　注・引用文献については1枚あたり37字×35行の書式とする。

⑷　図表は本文に挿入したうえで提出するものとする（後日別形式で提出を求める場合がある）。

　　図表がある場合には10点以内にとどめ，このスペースも前記制限枚数に含めるものとする。

　　図表中の文字は8ポイント以上の大きさとし，図表が極端に小さくならないよう留意するものとする。

⑸　投稿論文には，執筆者名，所属名は書き入れず，本文（注・引用文献を含む）にもそれらが判明する書き方をしない。

　　また「拙著」「拙稿」などの表現，研究助成，共同研究者への謝辞など，投稿者名や所属機関が判明，推測できるような表現は控えること。これらの記載が必要な場合は，採択決定後の校正において加筆することを認める。

⑹　規定枚数を超過した場合には，受理しない。

3．投稿は，電子メールと郵送によって提出するものとする。電子メールでは，PDFファイルの形式で，執筆者名がプロパティ等に記録されないように注意して保存し，論文のみを送信する。郵送では，論文（表紙とともにホッチキス止めしたもの）1部と別紙（論文タイトル，執筆者名，所属名，連絡先を付記したもの）1部を，日本教育経営学会紀要編集委員会事務局宛に送付する。

4．投稿論文の申込期限は10月10日とし，電子メール，郵送のいずれでも可とする。論文等の提出期限は，11月9日とする。

5．投稿論文について編集委員会は，執筆者との協議を通じ，内容の変更を求めることがある。

6．掲載が決定した論文については，改めて⑴論文タイトル，執筆者名，所属名を付記した論文原稿，⑵英文タイトル，300語以内の英文レジュメ，ローマ字表記の執筆者名，英文表記の所属名を付記した英文レジュメ，⑶それらが入力された電子的記録媒体（CD-R，DVD-R等）を日本教育経営学会紀要編集委員会事務局宛に郵送するものとする。

　　送付の形式はワープロソフト（Word，一太郎等）のままの形式とし，PDF形式は認めない。

　　なお，⑴，⑵の郵送と合わせて，メールに日本教育経営学会紀要編集委員会事務局にデータ送信を行う場合は⑶の送付を免除できるものとする。

7．執筆者による校正は再校までとする。その際，内容上の修正は原則として認められない。

8．図版等で特定の費用を要する場合，執筆者に負担させることがある。

9．引用文献の表記法については，以下の通りとする。

⑴　単行本の表記方法

　　著者，書名，発行所，出版年の順で書く。

　　例1）小野田正利『教育参加と民主制—フランスにおける教育審議機関に関する研究』風間書房，1996年。

　　例2）Ravitch, D., *The Death and Life of Great American School System:How*

Testing and Choice Are Undermining Education, Basic Books, 2010.
例3）国立教育政策研究所監訳『PISA2006年調査評価の枠組み』ぎょうせい，
2007年（＝Organization for Economic Co-operation and Development,
*Assessing Scientific, Reading and Mathematical Literacy: A Framework
for PISA 2006*, 2006.）
(2) 論文の表記方法
著者，論文名，雑誌名，巻，号，発行年，頁の順で書く。
例1）佐藤博志「オーストラリア首都直轄区の学校評価に関する考察―自律的学校
経営における学校評価の役割に着目して」『日本教育経営学会紀要』第38号，
1996年，88-99頁。
例2）Hargreaves, A., "Distinction and disgust; the emotional politics of school
failure", *International Journal of Leadership in Education*, Vol.7, No.1,
2004, pp.27-41.
10．脚注の表記方法は，引用文献と脚注を区別する方式とし，以下の表記方法に従うもの
とする。
注は文中の該当箇所に(1)，(2)……と表記し論文原稿末尾にまとめて記載する。
引用文献は本文中では，著者名（出版年），あるいは（著者名出版年：頁）として表
示する。
同一の著者の同一年の文献については，出版年の後にa，b，c……を付ける。
例1）しかし，浜田（1998a）も強調しているように……，単なる学校裁量の拡大に
とどまり組織改革がともなわない場合には効果は低い。
例2）公立学校の改革を促進する動向は……，近年急速に進展している（中留・伊藤
他2007：2頁）。
例3）Blumenthalの指摘によれば，「……である」（Blumenthal 2006: pp.564-565）。
11．引用文献は，邦文，欧文を含め，注のあとにまとめてアルファベット順に記載する。
著者，論文名，雑誌名，巻，号，出版社，出版年，頁の順に書く。なお引用文献は本文
中に用いたもののみをあげるものとする。
例)

［引用文献一覧］

・Blumenthal, R., "Why Connecticut Sued the Federal Government over No
Child Left Behind", *Harvard Education Review*, No.76, Vol.4, 2006, pp.564-569.
・浜田博文「アメリカにおける個別学校の裁量拡大と校内組織改編に関する考察―
『教員リーダー』の位置と役割に着目して―」『日本教育経営学会紀要』第40号，
1998年a，68-81頁。
・浜田博文「米国フロリダ州における校長職をめぐる改革の動向について」『学校経
営研究』第23号，大塚学校経営研究会，1998年b，76-87頁。
・中留武昭・伊藤文一・露口健司・大竹晋吾・雪丸武彦・田代裕一・倉本哲男・生田
淳一・増田健太郎・小澤永治・八尾坂修『信頼を創造する公立学校の挑戦―壱岐丘
の風がどのように吹いたか―』ぎょうせい，2007年。

・柳澤良明『ドイツ学校経営の研究―合議制学校経営と校長の役割変容―』亜紀書房，1996年。

日本教育経営学会紀要「教育経営の実践事例」編集内規

1．〈目的〉

　日本教育経営学会紀要に「教育経営の実践事例」の欄を設ける。「教育経営の実践事例」は，特色ある教育経営の実践事例を紹介・分析する論文を掲載することを目的とする。

2．〈執筆資格等〉

　(1)　論文の執筆者は，当該実践事例の企画立案または実施に関与した本学会の会員でなければならない。

　(2)　論文は未発表のものに限る。ただし，口頭発表プリントはこの限りではない。

3．〈募集方法〉

　論文の募集は，投稿制および推薦制によって行う。

4．〈投稿制〉

　(1)　会員は，紀要編集委員会に対して論文を投稿することができる。

　(2)　紀要編集委員会は，投稿原稿の審査を行い，掲載の可否を決定する。その際，紀要編集委員会は，原稿の修正を求めることができる。

　(3)　紀要編集委員会は，必要に応じて，原稿の査読および修正を，紀要編集委員以外の適任の会員に委嘱することができる。

　(4)　原稿の分量は，紀要10ページ（400字詰原稿用紙約26枚相当）以内とする。その他，投稿の時期・手続き等は「日本教育経営学会紀要論文投稿要領」の規定を準用する。

5．〈推薦制〉

　(1)　理事および紀要編集委員は，実践事例およびその執筆会員を紀要編集委員会に推薦することができる。

　(2)　推薦に際しては，実践事例の概要（400字程度）と執筆会員の略歴を添えるものとする。

　(3)　紀要編集委員会は，実践事例概要と執筆会員の略歴を審査して，執筆依頼の可否を決定し，可とされた実践事例について，当該会員に執筆を依頼する。

　(4)　紀要編集委員会は，提出された原稿の修正を求めることができる。

　(5)　紀要編集委員会は，必要に応じて，原稿の修正を，紀要編集委員以外の適任の会員に委嘱することができる。

　(6)　原稿の分量は，紀要10ページ（400字詰原稿用紙約26枚相当）以内とする。その他，推薦の時期・手続き等は，「日本教育経営学会紀要論文投稿要領」の規定を準用する。この場合，「投稿」は「推薦」と読み替える。

日本教育経営学会 紀要編集委員会
「教育経営の実践事例」論文投稿要領

１．論文投稿は未発表のものに限る。ただし，口頭発表およびその配布資料はこの限りではない。

　　投稿論文と目的・方法・知見等の面で重複している論文あるいは調査報告をすでに発表（予定を含む）している場合はそのコピーをすべて添付した上で投稿すること。

　　この規定に違反し，二重投稿等の研究倫理に違反した場合には，当該論文の掲載は取り止めとなる。

２．論文投稿（注および引用文献を含む）は紀要10ページ（400字詰原稿用紙約26枚相当）以内とする。提出形式の詳細については下記の要件をすべて満たすものとする。

　⑴　原稿はワープロ等による横書きとし，Ａ４判，天地余白各45mm，左右余白各35mm（10.5ポイントもしくは11ポイントのフォントを使用），35字×32行×10枚以内とする。１枚目は論文題目を１行目に記載し，17行目から本文を書き始めることとする。節題には３行とる。

　⑵　表紙を必ず添付し，表紙に論文題目のみを記載すること（執筆者名，所属は記載しない）。表紙と投稿論文原稿とホッチキス止めして提出すること（クリップ止め不可）。

　⑶　注・引用文献については１枚あたり37字×35行の書式とする。

　⑷　図表は本文に挿入したうえで提出するものとする（後日別形式で提出を求める場合がある）。

　　　図表がある場合には10点以内にとどめ，このスペースも前記制限枚数に含めるものとする。

　　　図表中の文字は８ポイント以上の大きさとし，図表が極端に小さくならないよう留意するものとする。

　⑸　投稿論文には，執筆者名，所属名は書き入れず，本文（注・引用文献を含む）にもそれらが判明する書き方をしない。

　　　また「拙著」「拙稿」などの表現，研究助成，共同研究者への謝辞など，投稿者名や所属機関が判明，推測できるような表現は控えること。これらの記載が必要な場合は，採択決定後の校正において加筆することを認める。

　⑹　規定枚数を超過した場合には，受理しない。

３．投稿は，電子メールと郵送によって提出するものとする。電子メールでは，PDFファイルの形式で，執筆者名がプロパティ等に記録されないように注意して保存し，論文のみを送信する。郵送では，論文（表紙とともにホッチキス止めしたもの）１部と別紙（論文タイトル，執筆者名，所属名，連絡先を付記したもの）１部を，日本教育経営学会紀要編集委員会事務局宛に送付する。

４．投稿論文の申込期限は10月10日とし，電子メール，郵送のいずれでも可とする。論文等の提出期限は，11月９日とする。

５．投稿論文について編集委員会は，執筆者との協議を通じ，内容の変更を求めることがある。

6．掲載が決定した論文については，改めて⑴論文タイトル，執筆者名，所属名を付記した論文原稿，⑵英文タイトル，300語以内の英文レジュメ，ローマ字表記の執筆者名，英文表記の所属名を付記した英文レジュメ，⑶それらが入力された電子的記録媒体（CD-R，DVD-R 等）を日本教育経営学会紀要編集委員会事務局宛に郵送するものとする。

　　送付の形式はワープロソフト（Word，一太郎等）のままの形式とし，PDF 形式は認めない。

　　なお，⑴，⑵の郵送と合わせて，メールにて日本教育経営学会紀要編集委員会事務局に，データ送信を行う場合は，⑶の送付を免除できるものとする。

7．執筆者による校正は再校までとする。その際，内容上の修正は原則として認められない。

8．図版等で特定の費用を要する場合，執筆者に負担させることがある。

9．引用文献の表記法については，以下の通りとする。

　⑴　単行本の表記方法

　　　著者，書名，発行所，出版年の順で書く。

　　　例 1 ）小野田正利『教育参加と民主制―フランスにおける教育審議機関に関する研究』風間書房，1996年。

　　　例 2 ）Ravitch, D., *The Death and Life of Great American School System：How Testing and Choice Are Undermining Education*, Basic Books, 2010.

　　　例 3 ）国立教育政策研究所監訳『PISA2006年調査評価の枠組み』ぎょうせい，2007年（＝Organization for Economic Co-operation and Development, *Assessing Scientific, Reading and Mathematical Literacy：A Framework for PISA 2006*, 2006.）

　⑵　論文の表記方法

　　　著者，論文名，雑誌名，巻，号，発行年，頁の順で書く。

　　　例 1 ）佐藤博志「オーストラリア首都直轄区の学校評価に関する考察―自律的学校経営における学校評価の役割に着目して―」『日本教育経営学会紀要』第38号，1996年，88-99頁。

　　　例 2 ）Hargreaves, A., "Distinction and disgust; the emotional politics of school failure", *International Journal of Leadership in Education*, Vol. 7, No. 1, 2004, pp. 27-41.

10．注の表記方法は，引用文献と脚注を区別する方式とし，以下の表記方法に従うものとする。

　　　注は文中の該当箇所に⑴，⑵……と表記し論文原稿末尾にまとめて記載する。

　　　引用文献は本文中では，著者名（出版年），あるいは（著者名出版年：頁）として表示する。同一の著者の同一年の文献については，出版年の後にａ，ｂ，ｃ……を付ける。

　　　例 1 ）しかし，浜田（1998a）も強調しているように……，単なる学校裁量の拡大にとどまり組織改革がともなわない場合には効果は低い。

　　　例 2 ）公立学校の改革を促進する動向は……，近年急速に進展している（中留・伊藤

　　他2007：2頁）。

　　例3）Blumenthal の指摘によれば，「……である」（Blumenthal 2006: pp.564-565）。

11．引用文献は，邦文，欧文を含め，注のあとにまとめてアルファベット順に記載する。
　著者，論文名，雑誌名，巻，号，出版社，出版年，頁の順に書く。なお引用文献は本文
　中に用いたもののみをあげるものとする。

　例)

［引用文献一覧］

・Blumenthal, R., "Why Connecticut Sued the Federal Government over No Child Left Behind", *Harvard Education Review*, No.76, Vol.4, 2006, pp.564-569.

・浜田博文「アメリカにおける個別学校の裁量拡大と校内組織改編に関する考察―『教員リーダー』の位置と役割に着目して―」『日本教育経営学会紀要』第40号，1998年 a，68-81頁。

・浜田博文「米国フロリダ州における校長職をめぐる改革の動向について」『学校経営研究』第23号，大塚学校経営研究会，1998年 b，76-87頁。

・中留武昭・伊藤文一・露口健司・大竹晋吾・雪丸武彦・田代裕一・倉本哲男・生田淳一・増田健太郎・小澤永治・八尾坂修『信頼を創造する公立学校の挑戦―壱岐丘の風がどのように吹いたか―』ぎょうせい，2007年。

・柳澤良明『ドイツ学校経営の研究―合議制学校経営と校長の役割変容―』亜紀書房，1996年。

日本教育経営学会著作権ポリシー

1．学会紀要掲載の論文等（特集論文，研究論文，教育経営の実践事例，シンポジウム・課題研究の報告，海外の教育経営事情，実践推進フォーラム，書評，教育経営学研究動向レビュー等）について

　⑴　著作権（著作権法第21条から第28条に規定されているすべての権利を含む。以下同様。）は，学会に帰属するものとする。

　⑵　著作者自身による学術目的等での利用（著作者自身による編集著作物への転載，掲載，WWW による公衆送信，複写して配布等を含む。）を，学会は許諾する。著作者は，学会に許諾申請をする必要がない。ただし，刊行後 1 年間は，WWW による公衆送信については，原則として許諾しない。また，学術目的等での利用に際しては，出典（論文誌名，巻号頁，出版年，以下同様。）を記載するものとする。

　⑶　著作者が所属する機関の機関リポジトリでの公開については，刊行 1 年後に無条件で許諾する。著作者自身および著作者が所属する機関による許諾申請をする必要がない。ただし，出典を記載するものとする。刊行後 1 年以内の場合には許諾しない。

　⑷　第三者から論文等の複製，翻訳，公衆送信等の許諾申請があった場合には，著作者の意向を尊重しつつ，常任理事会が許諾の決定を行うものとする。

2．大会の発表要旨（要旨集に掲載された著作物）について

　⑴　著作権は著作者に帰属するものとする。

　⑵　著作物の複製，公衆送信，頒布等を行おうとする者は，著作者の許諾を得るものとする。

3．学会あるいは学会の委員会，学会において設置されたグループ等による著作物（学会ニュースを含む。）について

　⑴　著作権は，学会に帰属するものとする。

　⑵　著作物の複製，公衆送信，頒布等を行おうとする者は，学会の許諾を得るものとする。

附則　本規程は，2010年 6 月 5 日より施行する。

2021年6月5日総会決定

日本教育経営学会研究倫理綱領

（制定の趣旨）

第1条　日本教育経営学会は，会則第2条に基づき，その目的を遂行する上で，教育経営の研究と実践がもたらす社会的影響を自覚し，その社会的使命を果たすために，研究倫理に関する基本原則を示す本綱領を制定する。

2　日本教育経営学会会員（以下「会員」とする）は，本綱領を踏まえ，その社会的責任に鑑み，教育経営の研究と実践の発展に努めなければならない。

（基本原則）

第2条　会員は，教育経営の研究と実践に関係する人々（研究参加者・情報提供者・研究対象者ないしその保護責任者など）の基本的人権を尊重し，社会的信頼を損なう行為を行ってはならない。

2　会員は，研究成果の発表にあたり，科学的・実践的合理性，倫理的妥当性に十分に配慮し，研究の信頼性を損なうことがないように努めなければならない。

（研究不正の防止）

第3条　会員は，研究活動における不正行為（ねつ造，改ざん，盗用），および研究成果発表における不適切な行為（二重投稿，分割出版，不適切なオーサーシップ）を行ってはならない。

（個人情報の保護等）

第4条　会員は，研究活動全般において，教育経営の研究と実践に関係する人々のプライバシーを尊重し，個人情報および関係する諸機関の情報を安全に管理して保護しなければならない。

2　会員は，研究の実施，成果の公開および資料の保管において，教育経営の研究と実践に関係する人々に対して十分な説明を行い，理解されていることを確認した上で，同意を得なければならない。

（学会の責務）

第5条　日本教育経営学会は，本綱領の遵守を社会的責務として確認するとともに，その具体的内容の明確化と会員への周知に向けて，継続的な努力を払うものとする。

Journal of JASEA
CONTENTS

ARTICLES: Teacher Development and School Management

Educational Leadership Theory
Tony Bush (University of Nottingham)

Ensuring the Qualification of Teachers and Principals as Educational Professionals: Realizing a "Learned Profession"
Hirofumi Hamada (University of Tsukuba)

Improving Teacher Competencies in the Post-Accountability Era:Beyond the Confusion between Comprehensiveness and Professionalism
Manami Honzu (Miyagi University of Education)

PRACTICAL CASE STUDY OF EDUCATIONAL MANAGEMENT:

Small-Rural-School Reform with Full-Time External Staff: The Curriculum Development and Implementation Process of the "Period for Inquiry-Based Cross-Disciplinary Study"
Nanami Miura (Graduate school,Tohoku University)

Developmental Research on an In-school Training Program for Teachers to Rethink Their Perspective about Teaching: Using Theory U
Norihisa Motozawa (The Joint Graduate School in Science of School Education Hyogo University of Teacher Education)

SYMPOSIUM:

Well-Being and Educational Management: Toward a New Era of Learning and Support for Children's Development
Hiroshi Sato (University of Tsukuba)
Tomoko Kashiwagi (Ritsumeikan University)

FORUM FOR YOUNG RESEARCHERS:

Young Researchers' Perspectives on Now and Future of the Studies of Educational Administration
Michiyo Nishino (Osaka Sangyo University), Yuichi Furuta (University of Tsukuba), Yasuhito Tamma (University of Tsukuba), Shogo Harakita (Sojo University), Maho Tanaka (Osaka Kyoiku University)

REPORT:

Creating a New Direction for Educational Management Research (2)
Keiko Enoki (Nagasaki University), Maho Tanaka (Osaka Kyoiku University), Tomomi Kobayakawa (Shimane University), Atsushi Takei (Shizuoka University), Tomoaki Chikusa (Kyoto University of Education)

PRACTICE FORUM JASEA:

The Value of Good Reports of Practice that Loads to Educational Management Research
Naofumi Yoshida (Yamagata University), Mamoru Nagakura (Gifu University), Sinichi Takeuchi (Nagoya University of Commerce and Business), Tomoko Ando (Joetsu University of Education), Tetsuya Takatani (Kagoshima University)

BOOK REVIEW:

RESERCH REVIEW:

Characteristics of Problem Setting and Future Issues in Educational Administration Research: Based on the Featured Papers since the 2010s

Yuichi Furuta (University of Tsukuba), Satoko Miura (Hyogo University of Teacher Education)

No.66, June 2024

Edited by

The Japanese Association for the Study of Educational Administration

編　集　後　記

　編集委員会の諸先生方，会員の皆様のご協力を賜り，紀要第66号を無事にお届けすることができました。この場をお借りして，厚く御礼申し上げます。

　第66号の発行をもって3年間の任期を終えることになります。会員の皆様のご支援のおかげで3年間大きな事故もなく，第64〜66号の発行とそれに関わる一連の業務を終えることができました。ご投稿いただいた会員の皆様には手続き等でご迷惑をおかけしたかと存じます。改めてお詫び申し上げますとともに，都度ご対応いただきましたことに御礼申し上げます。

　第67号からは新体制でのスタートとなります。引き続き，会員の皆様からのたくさんのご投稿をお願いさせていただくとともに，私自身も投稿する側として学会活動に貢献していく所存です。

　今後ともご指導ご鞭撻のほどよろしくお願いいたします。

（編集幹事・櫻井直輝）

日本教育経営学会紀要　第66号

教師の資質能力向上と学校経営

2024年 6 月20日　初版発行　　　　　　　　　　定価3,300円（本体3,000円＋税10%）

編　集　　日 本 教 育 経 営 学 会（会長　木岡　一明）
　　　　　日本教育経営学会紀要編集委員会（委員長　貞広　斎子）
発行者　　田　中　英　弥
発行所　　第一法規株式会社
　　　　　〒107-8560　東京都港区南青山 2 丁目11−17
　　　　　ホームページ　https://www.daiichihoki.co.jp/

ISBN978-4-474-01474-9 C3037（6）〈検印省略〉

日本教育経営学会紀要バックナンバー

第48号	学校経営の自律化に向けた評価と参加の在り方	2006年
第49号	教育経営をめぐる環境変動	2007年
第50号	教育経営概念の今日的検討―50周年記念号―	2008年
第51号	今日における教育経営学の意義と課題	2009年
第52号	学校の組織力と教育経営	2010年
第53号	教育経営と学力	2011年
第54号	教育経営と地域社会	2012年
第55号	社会変動と教育経営	2013年
第56号	教育改革と教職員の資質向上	2014年
第57号	教育経営の独立性を問う	2015年
第58号	学校組織のリアリティと人材育成の課題	2016年
第59号	大学経営の課題と展望	2017年
第60号	教育経営研究の課題と展望―60周年記念号―	2018年
第61号	カリキュラムと教育経営	2019年
第62号	教師という仕事と教育経営	2020年
第63号	子どもの生と教育経営	2021年
第64号	エビデンスと学校経営	2022年
第65号	分権化・自律化がもたらした学校経営へのインパクト	2023年